BRUNO

ou

DU PRINCIPE DIVIN ET NATUREL

DES CHOSES.

Chaque exemplaire sera revêtu de la signature du Traducteur.

Paris. Imprimerie de Bourgogne et Martinet, rue Jacob, 30.

BRUNO

OU

DU PRINCIPE DIVIN ET NATUREL

DES CHOSES,

PAR

F.-W.-J. DE SCHELLING,

Traduit de l'Allemand

Par C. HUSSON.

PARIS.
LIBRAIRIE PHILOSOPHIQUE DE LADRANGE,
QUAI DES AUGUSTINS, 19.
1845.

Avis du Traducteur.

L'ouvrage dont nous offrons au public la traduction, imprimé pour la première fois à Berlin en 1802, y a été réimprimé en 1842, c'est-à-dire après un intervalle de quarante années.

L'auteur, s'appuyant sur la synthèse et l'évidence géométrique, développe, dans *Bruno*, la sublime théorie de l'*unité absolue*. C'est la plus haute question que puissent se proposer la métaphysique et la philosophie transcendante. L'unité, en effet, forme la base des systèmes de Descartes, de Spinosa, de Leibnitz et de Giordano Bruno, dont cet ouvrage, par son titre, rappelle le nom célèbre. Tous ces grands esprits ont abordé et traité ce sujet avec plus ou moins de clarté, plus ou moins de succès ; mais Schelling seul nous en a donné une démonstration complète.

A l'exemple de Platon, il emploie le dialogue comme étant la forme qui convient le mieux aux dissertations philosophiques de nature abstraite et scientifique, et parce que, dans l'argumentation, l'esprit se repose de la fatigue que lui cause presque toujours une déduction trop longue.

Nous nous sommes efforcé, dans cette traduction, d'être aussi textuel que possible, et de rendre, non seulement les idées de l'auteur, mais aussi la manière dont elles sont exprimées. Nous avons pensé qu'en négligeant la forme, surtout quand elle est apodictique, on s'expose à tronquer la pensée originale. Nous avons senti la nécessité de mettre ici en pratique le précepte que Cicéron donne au traducteur : *Verbum pro verbo curabis reddere ;* ce qui, toutefois, ne signifie pas qu'une traduction doive être un mot-à-mot, ou une imitation, mais bien une représentation fidèle, une image exacte du texte original.

Nous terminerons ces courtes réflexions en avertissant le public que l'auteur n'expose, dans *Bruno*, qu'une partie de son système. Voici ce qu'il dit lui-même dans une lettre autographe qu'il a bien voulu nous écrire à ce sujet :

Les livres que j'ai fait attendre si longtemps, et qui sont maintenant à la veille de paraître, auront, je l'espère, le même avantage d'être traduits en français; ils contribueront à faire comprendre en totalité le système dont Bruno ne fait connaître qu'une seule face.

Au fur et à mesure que l'auteur fera paraître les ouvrages qu'il annonce, nous nous empresserons d'en publier la traduction.

BRUNO

OU

DU PRINCIPE DIVIN ET NATUREL

DES CHOSES.

ALEXANDRE, ANSELME, LUCIEN, BRUNO.

ANSELME.

Hier, en parlant de l'établissement des mystères, tu sus tellement nous attacher par ton discours sur la vérité et la beauté, que nous serions heureux de te voir aujourd'hui reprendre le même sujet.

LUCIEN.

Mon opinion était qu'un grand nombre d'ouvrages peuvent bien être d'une suprême vérité, sans que, pour cela, il soit permis de leur décerner le prix de la beauté.

ANSELME.

Toi, Alexandre, tu prétendais, au contraire,

que la vérité seule peut suffire à toutes les exigences de l'art et que, par elle seule, un ouvrage peut devenir véritablement beau.

ALEXANDRE.

C'est ce que je prétendais.

ANSELME.

Désirez-vous reprendre le fil de ce discours, et terminer la discussion que nous laissâmes indécise lorsque le moment fut venu de nous séparer? Car ce n'est point une convention verbale, mais bien plutôt le secret accord de nos pensées qui nous rassemble ici.

LUCIEN.

Hâtons-nous de revenir sur un sujet aussi intéressant.

ALEXANDRE.

De la discussion, naissent, dans les cœurs, l'émulation et le zèle qui nous mettent à même de mieux approfondir les choses.

ANSELME.

La nôtre prit son origine, je crois, dans les opinions que nous avons exprimées sur les mystères et la mythologie, ainsi que sur les rapports qui existent entre les philosophes et les poëtes.

LUCIEN.

Bien.

ANSELME.

En reprenant cette discussion, je remonterai, si vous le voulez bien, à l'origine même de notre discours, afin de pouvoir, sans entraves, continuer à bâtir sur un fondement solide.

ALEXANDRE.

Très bien.

ANSELME.

Ainsi donc, Lucien, il te paraît possible qu'une œuvre, sans être belle, puisse néanmoins arriver à la perfection de la suprême vérité? Mais alors, tu parais appeler vérité ce à quoi, nous autres philosophes, pourrions bien refuser ce nom. Alexandre, au contraire, en prétendant qu'une œuvre n'est belle que par sa vérité, met ainsi en doute qu'il puisse y avoir un point où la vérité et la beauté, toutes deux également libres, également indépendantes et sans être subordonnées l'une à l'autre, chacune à part, unité suprême, ne font qu'une seule et même chose; en sorte que, l'une pouvant être mise à la place de l'autre, il devient absolument indifférent de donner à une œuvre qui est l'expression de ce point, l'une ou l'autre de ces deux qualités.

Il est nécessaire, je crois, de bien déterminer d'abord ce que nous entendons par ces mots, vérité et beauté afin de ne point mettre à l'égal de la beauté une chose qui pourrait ne lui être que subordonnée; afin de ne point perdre de vue la vérité par excellence, en regardant comme supérieure à la beauté une vérité qui n'existerait point par elle-même.

LUCIEN.

Voilà une matière et un sujet bien dignes d'être discutés.

ANSELME.

Si tu le permets, excellent ami, toi qui places la vérité au-dessus de la beauté, bien qu'elle ne compte qu'un petit nombre de disciples capables de la contempler dans tout son éclat, c'est à toi que je m'adresserai d'abord.

ALEXANDRE.

Cher ami, je te prêterai avec plaisir la plus grande attention; car il m'importe de m'entendre avec toi sur *l'idée de la vérité*.

ANSELME.

En mettant la vérité au-dessus de tout, et même au-dessus de la beauté, tu n'hésiteras point à lui accorder en même temps toutes les qualités suprêmes; tu ne donneras pas, non plus, ce nom vénérable à tout ce que le vulgaire entend ordinairement par là.

ALEXANDRE.

Assurément.

ANSELME.

En conséquence, tu ne verras point le cachet de la vérité dans une connaissance qui serait purement actuelle et qui n'aurait qu'une certitude passagère?

ALEXANDRE.

Jamais.

ANSELME.

Par le même motif tu ne placeras point la vérité dans une connaissance qui serait le produit immédiat des affections du corps, ou qui s'y rapporterait immédiatement?

ALEXANDRE.

Impossible, puisque je sais que de telles connaissances sont soumises aux conditions du temps, de même que les choses qu'elles ont pour objet.

ANSELME.

Tu mettras aussi en dehors de la vérité toute connaissance confuse, peu claire, incomplète?

ALEXANDRE.

Oui, certainement; car une telle connaissance a toujours son origine dans les sens et les affections du corps.

ANSELME.

Supposons maintenant une certitude durable; il est vrai, mais secondaire, et n'ayant de valeur que sous un point de vue humain, ou tout autre qui n'est pas le point de vue suprême, lui donnerais-tu le nom sublime de vérité?

ALEXANDRE.

Non, si toutefois une telle certitude pouvait exister.

ANSELME.

Tu mets en doute une telle certitude ; voyons donc ce que tu opposes à la certitude que nous nommons passagère ; ou plutôt, en quoi tu fais consister la certitude impérissable.

ALEXANDRE.

Nécessairement dans une vérité qui embrasse, non seulement un certain nombre de choses, mais qui les renferme toutes ; qui subsiste, non pour un temps déterminé, mais bien pour tous les temps.

ANSELME.

Pourrais-tu réellement faire consister la certitude en ce qui embrasse tous les temps, à la vérité, mais qui, néanmoins, se rapporte à ce que nous appelons le temps ? N'est-il pas évident que la vérité qui n'embrasse que le temps et les choses qui sont dans le temps, n'est impérissable que par rapport à ce qui n'est point éternel, et qu'ainsi, par elle-même, elle ne saurait être absolue? Il est impossible de penser que ce qui ne se rapporte qu'au fini, quoique sans exception, et dans le sens le plus large, puisse avoir une plus haute valeur que ce dernier ; nous ne pouvons donc lui accorder qu'une vérité relative, puisqu'il naît et meurt avec le fini ; car, quel est l'homme qui n'est pas convaincu que chaque effet est précédé de sa cause, et que, sans qu'il soit besoin de constater cette certitude par l'expérience, elle demeure indubitable par le simple rapport de la connaissance finie à l'idée générale de la connaissance? Si, néanmoins, ce même axiome au-delà de son rapport avec le fini, n'a plus aucune signification, il est impossible qu'il soit vérité ; car, ne sommes-nous pas convenus qu'il ne faut point tenir pour vrai ce qui n'a de certitude que sous un point de vue secondaire?

ALEXANDRE.

Assurément.

ANSELME.

Tu es forcé d'avouer ensuite que la connaissance

du fini et du temporel ne peut exister comme telle que dans une intelligence finie, mais jamais dans l'absolu.

Te contenterais-tu d'une vérité qui n'est vérité que dans la connaissance d'êtres finis, et qui ne l'est point en soi, ni par rapport à Dieu, ni par rapport à l'intelligence suprême? Tous nos efforts, au contraire, ne tendent-ils pas à connaître les choses telles qu'elles préexistent dans cette intelligence primitive dont nous n'apercevons dans la nôtre que les simples reflets?

ALEXANDRE.

Il serait difficile de le nier.

ANSELME

Cette connaissance suprême, peux-tu la placer dans les conditions du temps?

ALEXANDRE.

Impossible.

ANSELME.

Pourrais-tu même la supposer déterminée par des idées qui, quoique universelles et infinies en elles-mêmes, se rapportent néanmoins au temps et au fini?

ALEXANDRE.

Non déterminées par ces mêmes idées, mais bien comme les déterminant.

ANSELME.

Cette distinction est peu importante; car, dans notre intelligence finie, nous paraissons, non pas comme déterminant ces idées, mais plutôt comme étant déterminés par elles; et si nous les définissons, c'est évidemment par une intelligence plus haute. Nous sommes donc forcés, dans tous les cas, d'admettre en principe que, toute connaissance qui se rapporte au temps ou à l'existence temporelle des choses, supposé même qu'elle n'ait pas son origine dans le temps, et qu'elle embrasse le temps infini avec tout ce qu'il renferme, ne saurait, cependant, passer pour une vérité absolue; car celle-ci suppose une intelligence supérieure, d'une nature indépendante, sans aucun rapport au temps, existant par elle-même, éternelle enfin.

ALEXANDRE.

Ces premières suppositions rendent cette conséquence inévitable.

ANSELME.

Ainsi, nous n'arriverons au sommet de la vérité, nous ne reconnaîtrons et nous n'exposerons les choses avec certitude, qu'après que nous serons remontés par la pensée à leur existence au-delà du temps, et à leurs idées éternelles.

ALEXANDRE.

Je ne saurais le nier, quoique tu ne nous aies pas encore démontré comment nous pouvons arriver jusque là.

ANSELME.

Cette question ne nous importe point; car nous nous occupons uniquement de l'idée de la vérité, et nous regarderions comme une chose indigne de nous de la rabaisser et de la faire descendre des hauteurs où elle domine, afin de la rendre plus accessible au vulgaire. Mais, si tu le veux, nous continuerons nos recherches de la manière accoutumée.

ALEXANDRE.

Volontiers.

ANSELME.

Eh bien! continuons à étudier la différence qui existe entre la connaissance temporelle et la connaissance éternelle. Penses-tu que ce que nous appelons erreur, mal, imperfection, etc., existe réellement, ou bien tout cela n'est-il que par rapport à notre manière de voir?

ALEXANDRE.

Je ne saurais m'imaginer que l'imperfection d'un ouvrage humain, quel qu'il soit, n'ait pas réellement lieu par rapport à cet ouvrage, ni que ce que nous sommes forcés d'appeler erreur ne le soit pas réellement en soi?

ANSELME.

Ne perds pas de vue, cher ami, le sens de la question. Je ne parle point ici de ce qu'une œuvre est en soi, prise à part, et séparée du tout; ainsi, de ce qu'au lieu de la perfection, elle ne nous offre que des défauts, de ce qu'un axiome, au lieu de conséquences vraies, n'en présente que de fausses, je dis qu'il n'y a là, ni défectuosité, ni erreur ; bien mieux, si une œuvre, telle qu'elle est, pouvait nous présenter quelque chose de parfait, ou qui seulement ne parût ni un contre-sens, ni une folie, il y aurait là plutôt une erreur et un vice de la nature ; ce qui est également impossible. Mais, comme l'un et l'autre ne produisent rien que ce qui découle nécessairement, soit de leur nature propre, soit des influences qui leur viennent du dehors, l'œuvre exprime par son imperfection, et l'axiome par son erreur, la suprême vérité et la perfection du tout, confirmant ainsi que, dans la nature, le mensonge est impossible.

ALEXANDRE.

Tu parais ici te condamner par tes propres aveux ; car, si l'erreur de l'axiome proclame la vérité, et si l'imperfection de l'œuvre exprime la perfection, c'est une conséquence nécessaire du vice de leur nature, vice que tu viens d'admettre.

ANSELME.

Lequel, considéré en soi, n'est point un vice ;

car, l'œuvre ayant été engendrée par un tel père, et l'axiome déterminé par de semblables influences venant du dehors; leur nature actuelle est tout-à-fait selon la règle et nécessairement dans l'ordre général des choses.

ALEXANDRE.

D'après cette manière de voir, il faudra seulement se garder de reconnaître un commencement à l'imperfection.

ANSELME.

Assurément, de même qu'il est impossible d'imaginer un commencement des choses temporelles Toute imperfection ne peut avoir lieu que sous le point de vue qui a pour principe la loi des causes et des effets, mais jamais sous le point de vue suprême qui, n'accordant point de commencement au temporel, place ainsi, de toute éternité, ce qui est imparfait à côté de ce qui est parfait, comme perfection même. Ne te semble-t-il pas maintenant que nos assertions, restreintes jusqu'ici aux ouvrages des hommes, doivent aussi s'étendre aux œuvres de la nature et, en général, à toutes les choses ? C'est-à-dire que, tout considéré, il ne peut rien y avoir de défectueux, d'imparfait, et qui ne soit complétement en harmonie avec le tout ; et qu'au contraire, les choses ne sont imparfaites que sous le seul point de vue temporel ?

ALEXANDRE.

J'accorde encore cela.

ANSELME.

Continuons maintenant et voyons si nous ne sommes point forcés d'admettre qu'un type a été prescrit à la nature créatrice dans chacune de ses productions, pour le tout, comme pour ses diverses parties ; type d'après lequel elle forme les espèces et les individus.

ALEXANDRE.

Evidemment il en est ainsi, puisque nous voyons cette forme se reproduire plus ou moins exactement, non seulement dans les diverses espèces des animaux et des plantes, mais dans les individus mêmes de l'espèce.

ANSELME.

Maintenant, si nous appelons la nature, en

tant qu'elle est le miroir vivant où se peignent tous les types primitifs, la nature modèle, et si nous nommons nature créatrice celle qui imprime ces images dans la substance, dis-moi laquelle de ces deux natures devra être nécessairement soumise aux lois du temps et du mécanisme.

ALEXANDRE.

Il me semble que ce ne peut être la nature modèle, où l'image primitive de chaque créature ne saurait changer ; elle est immuable et même éternelle ; en conséquence, elle ne peut être soumise au temps. Elle n'a point de commencement et ne saurait avoir de fin.

ANSELME.

Ainsi, dans la nature génératrice, ce sont les choses qui se trouvent forcément, et non volontairement, soumises aux lois de la fragilité. Quant aux modèles éternels des choses, ils sont les fils immédiats et les *enfants* de Dieu ; c'est pourquoi il est dit, dans un écrit sacré, que la créature a sans cesse le cœur et les yeux tournés vers la magnificence de ces types éternels, laquelle n'est autre que leur excellence. Car, dans la nature modèle ou en Dieu, les choses n'étant point soumises aux conditions du temps, y sont nécessairement d'une beauté et d'une magnificence incomparables. La terre, par exemple, qui a été faite n'est point la véritable terre ; mais une image de la terre incréée qui, n'ayant point eu de commencement, n'aura jamais de fin. Or, l'idée de la terre contient aussi les idées de toutes les choses qui y sont renfermées, ou qui y parviennent à l'existence.

Sur la terre, il ne se trouve pas un homme, pas un animal, une plante, une pierre qui, dans l'art vivant et la sagesse de la nature, n'ait beaucoup plus d'éclat et de magnificence que dans la copie morte du monde créé. Or, comme cette vie modèle des choses n'a jamais commencé, qu'elle ne finira jamais, et que son image, au contraire, est forcée, par sa nature particulière, de naître et de finir sous l'empire du temps et des conditions, il nous faut bien reconnaître que, si l'existence éternelle ne peut rien renfermer d'incomplet et de défectueux, l'existence temporelle, au contraire, ne saurait offrir aucune perfection, quelle qu'elle puisse être, et que, dans le temps, il faut nécessairement que tout soit imparfait et défectueux.

ALEXANDRE.

Nous devons en convenir.

ANSELME.

Dis-moi maintenant si tu regardes la beauté comme une perfection, et le manque de beauté comme une imperfection.

ALEXANDRE.

Assurément; et même, j'ose prétendre que la beauté, qui est l'expression extérieure de la perfection organique, est la perfection la plus absolue que puisse avoir une chose; car, toute autre perfection se mesure toujours sur son rapport à un but quelconque, tandis que la beauté, considérée en elle-même, est ce qu'elle est, sans la moindre relation à un rapport extérieur.

ANSELME.

Ainsi, tu n'hésiteras pas non plus à m'avouer que, de toutes les perfections, la beauté étant celle qui exige la plus grande indépendance de conditions, ne peut naître d'une manière temporelle, et que, d'un autre côté, on ne saurait appeler beauté rien de ce qui est temporel.

ALEXANDRE.

D'après cette manière de voir, nous serions dans une grande erreur, nous qui avons coutume de nommer beaux certains objets de la nature et de l'art.

ANSELME.

Je ne nie pas non plus l'existence de la beauté; mais seulement son existence temporelle. Je pourrais te citer ici les paroles de Socrate dans Platon : Celui, dit-il, qui est depuis longtemps initié aux mystères, ne se représente pas facilement la beauté incréée à l'aspect de la beauté sensible qui emprunte son nom à la beauté par excellence; tandis que le jeune néophyte, au contraire, en apercevant un visage divin, image de la beauté, ou plutôt de son type immatériel, est comme saisi d'admiration et de terreur; puis il l'adore ensuite comme une divinité : aussi ceux qui ont vu la beauté par excellence sont-ils habitués à reconnaître le type éternel dans son image imparfaite, malgré les défauts que la nature rebelle et la force des causes y ont imprimés ; néanmoins ils aiment encore tout ce qui leur rappelle la félicité d'une première sensation. Tout ce qui, dans une forme vivante, répugne au type de la beauté s'explique par le principe naturel ; mais il n'en est point ainsi de ce qui lui est conforme ; car cette conformité est à priori par sa nature même ; sa base repose dans la nature idéale et dans l'unité que nous sommes forcés d'établir entre la nature génératrice et la nature modèle, laquelle se manifeste, en ce que la beauté se montre partout où la marche de la nature le permet ; mais elle n'a jamais commencé d'être ; et partout où elle paraît naître (car elle ne fait jamais que le paraître), elle ne naît que parce qu'elle est. Ainsi, quand tu dis qu'une chose ou qu'une œuvre est belle, c'est celle-ci qui a commencé d'être ; mais jamais la beauté, qui par sa nature est éternelle au milieu même du temps. En récapitulant nos raisonnements, nous arrivons à conclure que les idées éternelles, non seulement sont plus excellentes et plus belles que les choses elles-mêmes, mais, bien plus, qu'elles seules sont belles et qu'elles le sont nécessairement.

ALEXANDRE.

Il n'y a rien à répliquer contre ces conclusions; car il s'ensuit nécessairement que, si la beauté est quelque chose d'*intemporel*, les choses ne sont belles que par leurs idées éternelles; il s'ensuit nécessairement encore que, si la beauté ne peut naître, elle est l'essence première, fondamentale, enfin la substance même des choses. Nous devons donc reconnaître que si le contraire de la beauté est une simple restriction, une négation, cette négation ne saurait pénétrer dans une région que la réalité seule habite, et qu'ainsi les idées éternelles de toutes choses sont seules nécessairement belles.

ANSELME.

Mais ne sommes-nous pas déjà convenus que ces idées éternelles des choses jouissent seules d'une vérité absolue ; que toutes les autres n'ont qu'une vérité relative et apparente, et qu'ainsi connaître les choses selon la vérité absolue, c'est les connaître dans leurs idées éternelles ?

ALEXANDRE.

Nous avons été d'accord sur ce point.

ANSELME.

N'avons-nous point ainsi découvert l'unité suprême de la beauté et de la vérité ?

ALEXANDRE.

Il est impossible de rien objecter à ce raisonnement.

ANSELME.

Tu avais donc parfaitement raison de prétendre qu'un ouvrage de l'art n'est beau que par sa vérité; car je ne puis croire que tu aies entendu par vérité autre chose que les types intellectuels des êtres. Outre cette vérité première, nous en avons encore une autre subordonnée et trompeuse qui porte le même nom, sans être son égale par le fait, et qui consiste en une connaissance confuse, obscure, et toujours temporelle.

Cette espèce de vérité qui peut s'allier avec ce qu'il y a d'imparfait et de temporel dans les formes, avec les impressions qu'elles subissent du dehors, mais qui n'est point sortie vivante de sa propre idée, ne saurait servir de loi et de règle qu'à celui qui n'a jamais vu la beauté sainte et immortelle. L'imitation de cette vérité secondaire donne naissance à ces sortes d'ouvrages où nous admirons seulement l'art avec lequel ils atteignent au naturel, sans pouvoir l'unir avec le divin.

Quant à une telle vérité, on ne saurait même dire, comme Lucien, qu'elle est subordonnée à la beauté; mais, bien plutôt, qu'elle n'a pas le moindre rapport avec elle. La vérité et la beauté suprêmes, seulement, ne sont point dépendantes l'une de l'autre; car, de même que la vérité qui n'est point beauté n'est pas non plus vérité, de même la beauté qui n'est point vérité ne saurait être beauté; ce dont nous avons des exemples frappants dans les œuvres qui nous entourent; car nous les voyons pour la plupart flotter entre deux extrêmes.

En effet, tel artiste, au lieu de la pure vérité, n'exprime qu'une vérité naturelle et grossière, et tandis qu'il s'y attache, il néglige ce qu'aucune expérience ne peut lui donner; tel autre, au contraire, qui manque tout-à-fait de vérité, cherche à produire une apparence de forme vide et futile que les ignorants seuls admirent comme beauté.

Maintenant, cher ami, que nous venons de démontrer l'unité suprême de la beauté et de la vérité, celle de la philosophie et de la poésie me semble en même temps prouvée; car à quoi tend la première, si ce n'est à connaître cette éternelle vérité inséparable de la beauté? Et la seconde ne recherche-t-elle pas continuellement cette beauté immortelle et incréée qui, avec la vérité, ne fait qu'une seule et même chose? Cependant, cher ami, si tu le désires, je vais continuer à développer ce rapport, afin de revenir par là à notre point de départ.

ALEXANDRE.

Très volontiers.

ANSELME.

Ainsi la beauté et la vérité suprêmes de toutes les choses ne s'aperçoivent que dans une seule et même idée, et cette idée est celle de l'Éternel en soi. Or, par la raison que la vérité et la beauté ne sont, dans cette idée, qu'une seule et même chose, il s'ensuit nécessairement qu'elles ne peuvent être qu'*une* dans les œuvres qui lui ressemblent.

ALEXANDRE.

Évidemment.

ANSELME.

Mais que regardes-tu comme la cause productrice d'œuvres semblables ?

ALEXANDRE.

Il serait difficile de le dire.

ANSELME.

Chaque œuvre est nécessairement finie.

ALEXANDRE.

Nous sommes d'accord sur ce point.

ANSELME.

Nous avons dit que le fini est parfait par son union avec l'infini.

ALEXANDRE.

Cela me paraît incontestable.

ANSELME.

Par où penses-tu que puisse avoir lieu l'union du fini avec l'infini?

ALEXANDRE.

Evidemment par un point sous le rapport duquel ils ne font déjà qu'une seule et même chose.

ANSELME.

Ils sont donc réunis par l'éternel?

ALEXANDRE.

C'est évident.

ANSELME.

En conséquence, une œuvre qui représente la beauté suprême ne peut être produite que par l'éternel?

ALEXANDRE.

Sans doute.

ANSELME.

Mais, est-ce par l'éternel considéré en soi, ou par l'éternel en tant qu'il se rapporte immédiatement à l'individu producteur?

ALEXANDRE.

C'est par ce dernier.

ANSELME.

Mais comment comprends-tu que l'un puisse se rapporter à l'autre ?

ALEXANDRE.

C'est ce que je ne saurais précisément expliquer.

ANSELME.

N'avons-nous pas dit que toutes choses ne sont en Dieu que par les idées éternelles ?

ALEXANDRE.

Sans doute.

ANSELME.

En conséquence, l'éternel ne se rapporte à toutes les choses que par les idées éternelles de celles-ci ; il se rapporte ainsi à l'individu générateur par l'*éternelle idée* de l'individu, laquelle, en Dieu, unie à l'âme, ne fait qu'*un*, comme l'âme avec le corps.

ALEXANDRE.

Ainsi, nous considérons l'éternelle idée de l'individu comme la production d'une œuvre où la sublime beauté est empreinte.

ANSELME.

Sans contredit ; mais cette beauté qui est dans l'œuvre est à son tour l'éternel lui-même.

ALEXANDRE.

Sans doute.

ANSELME.

Est-ce l'éternel considéré purement et simplement?

ALEXANDRE.

Cela ne me paraît pas être ; car une œuvre n'est produite par l'éternel qu'en tant que l'éternel est lui-même l'idée d'un individu et qu'il se rapporte immédiatement à ce dernier.

ANSELME.

Ainsi donc, dans l'œuvre produite, l'éternel n'est point représenté tel qu'il est en soi, mais en tant qu'il se rapporte à des choses individuelles, ou qu'il est l'idée de ces choses.

ALEXANDRE.

Nécessairement.

ANSELME.

Mais cet éternel est-il l'idée des choses qui se lient au type éternel de l'individu, ou simplement l'idée des choses qui ne s'y lient point?

ALEXANDRE.

Nécessairement il est l'idée de celles qui s'y lient.

ANSELME.

Mais cette idée n'aura-t-elle pas une perfection d'autant plus grande qu'elle se rapprochera davantage, en Dieu, de l'idée de toutes les autres choses?

ALEXANDRE.

Sans contredit.

ANSELME.

Nous pouvons voir par là que plus cette idée est parfaite, plus elle est en quelque sorte organique, plus le producteur est capable alors de représenter autre chose que soi; il peut même, dans ce cas, s'éloigner entièrement de son individualité; tandis qu'au contraire, plus l'idée est imparfaite et isolée, plus le producteur est incapable de révéler autre chose que soi, malgré les formes les plus variées.

ALEXANDRE.

Tout cela est parfaitement juste.

ANSELME.

Mais ne résulte-t-il pas évidemment de tout ceci que le producteur ne représente point la beauté en soi et pour elle-même, mais seulement la beauté des choses, c'est-à-dire, toujours la beauté concrète ?

ALEXANDRE.

Évidemment.

ANSELME.

Cependant le producteur ne ressemble-t-il pas ici à celui dont il émane ? Car ce principe suprême, c'est-à-dire Dieu, a aussi dévoilé quelque part, dans le monde sensible, la beauté telle qu'elle est en lui-même, et il donne aux idées des choses qui sont en lui une vie propre et indépendante en les faisant exister comme les âmes de corps particuliers : aussi, et par la même raison, chaque ouvrage, dont le producteur est l'idée éternelle de l'individu, possède une double vie, une vie indépendante en lui-même, et une autre dans le producteur.

ALEXANDRE.

Nécessairement.

ANSELME.

Ainsi, une œuvre qui n'a pas la vie en elle-même, et qui ne peut continuer à durer indépendamment du producteur, ne sera point, pour nous, une œuvre dont l'âme est une idée éternelle?

ALEXANDRE.

Impossible.

ANSELME.

N'avons-nous pas, de plus, démontré que chaque chose est belle dans son éternelle idée? Ainsi, selon les principes que nous avons adoptés, le producteur d'une œuvre et le produit même ne font qu'*un*; c'est-à-dire qu'ils sont beaux l'un et l'autre. C'est ainsi que le beau engendre le beau et que le divin produit le divin.

ALEXANDRE.

Il ne saurait en être autrement.

ANSELME.

Cependant, comme le beau et le divin, dans l'individu producteur, ne se rapportent immédiatement qu'à ce dernier, est-il possible de penser que l'idée du beau et du divin en soi, existe en même temps, dans cet individu, comme son idée immédiate et comme idée absolue ?

ALEXANDRE.

Elle doit être considérée sous ce dernier point de vue.

ANSELME.

Il est maintenant facile de comprendre pourquoi ceux qui sont capables de produire des œuvres réputées belles, sont ceux-là mêmes qui, souvent, possèdent le moins l'idée de la beauté et de la vérité en soi, précisément parce qu'ils sont dominés par elle.

ALEXANDRE.

C'est naturel.

ANSELME.

Le créateur d'un ouvrage, en tant qu'il ne reconnaît pas le principe divin qui l'inspire, doit nécessairement nous apparaître plutôt comme profane que comme initié. Quoiqu'il ne se rende pas compte de ce qui se passe en lui-même, il ne révèle pas moins, sans le savoir, à ceux qui le comprennent, les secrets les plus cachés, c'est-à-dire l'unité de l'être naturel et divin, et nous découvre ainsi l'intérieur de cette bienheureuse nature qui n'admet point de contraires. C'est par cette raison que déjà, dans l'antiquité la plus reculée, les poëtes furent révérés, comme étant inspirés des dieux et animés de leur esprit. Ne te semble-t-il pas que nous aurons raison d'appeler exotérique, la connaissance qui nous montre seulement les idées dans les choses et non en elles-mêmes ; et, au contraire, de nommer ésotérique celle qui nous présente les types modèles des choses tels qu'ils sont en eux et par eux-mêmes.

ALEXANDRE.

Cette distinction me paraît exacte.

ANSELME.

Cependant le producteur ne représentera jamais

la beauté telle qu'elle est en soi; mais seulement il produira de belles choses.

ALEXANDRE.

C'est ce que nous avons dit.

ANSELME.

Son art ne se reconnaîtra pas non plus à l'idée de la beauté même; mais seulement à la faculté de produire des choses qui lui ressemblent le plus possible; il sera donc ainsi nécessairement exotérique. Or, le philosophe ne cherche pas seulement à connaître le beau et le vrai individuellement, mais la vérité et la beauté en soi; ainsi, le même culte que l'un professe intérieurement, l'autre le professe extérieurement et à son insu.

ALEXANDRE.

C'est évident.

ANSELME.

Le principe du philosophe n'est donc pas l'idée éternelle en tant qu'elle se rapporte immédiatement à l'individu; mais bien cette même idée considérée d'une manière absolue.

ALEXANDRE.

Telle sera notre conclusion.

ANSELME.

Or, la philosophie, étant par sa nature même ésotérique, n'a nul besoin d'être tenue secrète; car elle l'est déjà par elle-même. C'est par cette raison que l'idée fondamentale des mystères est qu'ils sont mystères bien plus par eux-mêmes que par les cérémonies extérieures dont on les entoure.

ALEXANDRE.

Il semble que les anciens le pensaient ainsi.

ANSELME.

Certainement; car quoique toute la Grèce pût se faire initier aux mystères et que la part que l'on y prenait fût regardée comme la plus grande des félicités, ainsi que le prouve Sophocle par les paroles suivantes qu'il prête à l'un de ses personnages :

« Parmi les mortels, qu'ils sont heureux ceux qui vont à Hadès assister, pour la première fois, à cette consécration! c'est leur héritage; là, seulement, ils vivent encore; tandis que pour les profanes, tout n'est que malheur. » Et Aristophane, dans les Grenouilles, fait ainsi parler les morts bienheureux :

«Car pour nous seuls luisent ici le soleil et la douce lumière; tous, tant que nous sommes, qui avons pris part jadis à l'initiation, selon le droit d'une coutume sacrée, nous avons toujours vécu parmi des étrangers et des concitoyens. »

Néanmoins ces mystères furent toujours inaccessibles au vulgaire, et, comme tels, ne cessèrent jamais d'être honorés et strictement observés; d'où nous devons conclure que malgré la participation du grand nombre, il y avait quelque chose dans leur nature qui s'opposait à ce qu'ils pussent être profanés. Quant au but des mystères, il n'est autre que celui de montrer aux hommes les formes modèles de toutes les choses dont ils ont coutume de ne voir que les images. C'est ce que Palyhymnio, qui assistait hier à notre réunion, nous démontra parfaitement; car, tandis que nous revenions ensemble à la ville, nous nous entretîn-

mes du sujet des mystères, et il nous dit alors que
c'était en vain que nous cherchions à inventer des
doctrines plus saintes, des symboles plus signifi-
catifs que ceux qui avaient été expliqués et représentés dans les anciens mystères. L'on y enseignait
d'abord aux hommes qu'outre les choses continuellement soumises au changement et aux
transformations, il y a aussi quelque chose d'immuable, d'uniforme et d'indivisible, et que ce qui
se rapproche le plus du divin et de l'immortel,
c'est l'âme ; que le corps, au contraire, ressemble
à ce qui change, se divise et se transforme. On y
enseignait encore que les choses individuelles ne
se sont détachées de l'absolu que par ce qu'elles
ont de différentiel et de particulier, quoiqu'elles
aient apporté, dans le temps, avec le principe de
leur individualité et de leur unité, l'image, et en
quelque sorte l'empreinte de l'indivisible absolu.
Or, comme nous remarquons cette ressemblance
des choses concrètes avec l'immuable en soi, et
que, de plus, nous voyons qu'elles s'efforcent de
se conformer à celui-ci dans l'unité, quoiqu'elles

n'y parviennent jamais complétement, il faut nécessairement que nous ayons déjà connu avant d'entrer dans le temps, avant notre naissance, par conséquent, le type-modèle de l'immuable, de l'indivisible absolu. Modèle que nous exprimions par l'état de l'âme qui a précédé l'état actuel, et dans lequel celle-ci participait à la perception immédiate des idées éternelles ou types des choses. Nous devons reconnaître aussi que l'âme n'est sortie de cet heureux état que par sa réunion avec le corps, et par son passage à l'existence temporelle; que les mystères ont été représentés comme une institution dont le but était de rappeler, par la purification de l'âme, à ceux qui y prenaient part, le souvenir de cette première intuition des idées du vrai, du beau et du bien en soi, pour les conduire, par là, à la suprême félicité. Comme la véritable philosophie consiste dans la connaissance de l'éternel et de l'immuable, il s'ensuit que la doctrine enseignée dans les mystères n'est autre chose que la philosophie la plus sublime, la plus sainte et la plus parfaite que l'antiquité nous ait transmise ; en sorte que les mystères se rapportent réellement à la mythologie, comme nous croyons que la philosophie se rapporte à la poésie. Ainsi, nous avons eu parfaitement raison de conclure que la mythologie doit être laissée aux poëtes, et l'établissement des mystères aux philosophes. Maintenant que la discussion est arrivée à ce point, c'est à vous à décider si vous voulez la continuer.

LUCIEN.

Un champ trop vaste s'ouvre devant nous pour que nous puissions nous arrêter ici.

ALEXANDRE.

Je partage ton opinion.

ANSELME.

Eh bien! voici ce que j'ai à vous proposer. Je suis d'avis que nous continuions à parler de l'établissement des mystères et de la nature de la mythologie ; je crois même qu'il serait convenable que Bruno, qui jusqu'alors a été présent à tous nos entretiens, prît la parole pour nous expliquer de quelle sorte est, selon lui, la philosophie qui doit être enseignée dans les mystères, et si elle ne doit pas offrir cet attrait d'une vie heureuse et divine, cette inspiration que l'on récherche avec raison dans une doctrine sainte? Je voudrais ensuite que Polyhymnio reprît le fil du discours au point où Bruno le quitterait, pour nous décrire les symboles et les actions par lesquels une telle philosophie peut être représentée; enfin, que l'un de nous, ou tous ensemble, selon l'occasion, nous terminions notre discussion sur la mythologie et la poésie.

BRUNO.

Je paraîtrais bien ingrat si, après avoir été si souvent et si généreusement l'objet de toutes vos attentions, j'hésitais un instant à vous communiquer le peu que je puis savoir.

Ne voulant donc point refuser de faire ce que me commande mon devoir, je m'adresserai premièrement, non point aux maîtres des mystères terrestres, mais aux pontifes qui président aux mystères éternels qui se célèbrent sur la terre, par la lumière des constellations, la marche des sphères célestes, la mort et la renaissance des générations.

Et, d'abord, je les prierai de me faire arriver jusqu'à la contemplation de l'inviolable, du simple, du salutaire et du bienheureux ; je leur demanderai ensuite de me délivrer des maux dont souffrent également la plupart des hommes dans la vie comme dans les arts, et dans les actions comme dans la pensée, en cherchant à se soustraire au sort impitoyable qui a voulu que le monde se composât, non seulement de la vie, mais aussi de la mort, non seulement du corps, mais aussi de l'âme, et que l'univers, comme l'homme, fût soumis au même destin pour rester un mélange de l'immortel et du mortel, du fini et de l'infini.

Maintenant, je vous prie en grâce de vouloir bien me pardonner, si je ne vous dis point quelle est la meilleure philosophie à enseigner dans les mystères, mais plutôt celle que je sais être la véritable ; je ne vous exposerai même point celle-ci ; mais seulement j'établirai les fondements sur lesquels il faudrait la construire.

Vous me permettrez aussi de développer mes pensées, non pour moi-même, et sans interruption, mais, comme vous avez coutume de le faire, par demandes et par réponses, selon le cours des idées; je prierai ensuite l'un de vous de vouloir bien répondre à mes questions ou recevoir mes réponses.

Si vous y consentez, je demanderai aussi à notre cher Lucien de prendre part avec moi à la discussion, de la manière qui lui conviendra davantage.

Que pourrions-nous trouver de mieux, cher Anselme, et sur quoi nous soyons plus d'accord pour en faire la base de notre discussion, que le point même où tu viens de nous amener, l'idée de l'absolu, où tous les contraires sont *un*, plutôt que réunis; où ils ne cessent point d'être, puisqu'ils n'y sont jamais séparés ?

Je commence d'abord par célébrer cette unité suprême, comme tenant la première place, comme précédant toutes choses; parce qu'en ne la prenant pas pour point de départ, il n'y a que deux cas possibles : ou l'on regarde l'unité en présence de son contraire, comme base première, et alors cette unité se trouve placée avec un contraire ; ou bien, les contraires eux-mêmes sont posés en principe et par là se trouvent sans unité, ce qui est impossible ; car tout ce qui est opposé à soi-même n'existe réellement et véritablement qu'autant qu'on le place dans une seule et même unité.

LUCIEN.

Garde-toi, cher ami, car je veux répondre à ton appel, et t'avertir aussitôt, garde-toi, dis-je, d'aller te perdre d'abord dans des contradictions; car le contraire se trouve nécessairement en face de l'unité, et comme on ne saurait pas plus se représenter l'unité sans le contraire que celui-ci sans l'unité, il faut nécessairement les poser l'un et l'autre en principe.

BRUNO.

Tu parais avoir oublié une chose ; c'est qu'en faisant de l'unité de tous les contraires l'unité absolue, cette unité elle-même forme alors de nouveau, avec ce que tu appelles contraire, le contraire absolu. Or, pour faire de cette unité l'unité absolue, nous devons nécessairement la considérer comme renfermant ce contraire avec l'unité qui lui est opposée, et déterminer cette unité comme celle où l'unité et le contraire, c'est-à-dire l'égal et l'inégal ne font qu'*un*.

LUCIEN.

Tu sais admirablement te tirer de ce mauvais pas en posant une unité absolue qui lie l'unité et le contraire; mais je ne vois pas comment tu peux accorder le contraire à l'unité secondaire, et le refuser à l'unité que tu nommes absolue; d'aucune manière, tu n'es donc arrivé à une unité pure et entièrement exempte de différence.

BRUNO.

Ainsi, cher ami, tu nommes impure l'unité absolue où l'unité et le contraire ne font qu'*un*, aussi bien que l'unité opposée à la différence; mais, quelle que soit ton opinion à cet égard, je pense pouvoir te convaincre d'erreur; car si tu dis que l'unité et la différence sont opposées l'une à l'autre par rapport à l'unité supérieure, et que celle-ci parconséquent a aussi un contraire, je nierai formellement cette proposition. Car, tu peux bien dire de l'unité qu'elle est impure en tant qu'elle est opposée à la différence; mais tu ne saurais affirmer la même chose en parlant de l'unité absolue par rapport à laquelle ce contraire même n'existe pas.

N'en est-il point ainsi?

LUCIEN.

Je veux bien te le concéder en attendant.

BRUNO.

Tu prétends donc que l'unité est impure, en tant qu'elle est opposée à la différence?

LUCIEN.

Assurément.

BRUNO.

Mais comment est-elle opposée? Absolument ou relativement?

LUCIEN.

Qu'appelles-tu opposition absolue ou relative?

BRUNO.

J'appelle opposition relative, celle qui peut

disparaître dans un tiers et ne faire qu'*un* avec lui. Quand cela ne peut avoir lieu, il y a alors opposition absolue. Tu auras un exemple de la première opposition en te représentant deux corps de nature contraire qui peuvent se mélanger et, par là, en produire un troisième.

Un objet dont l'image va se peindre dans un miroir t'offre un exemple de la seconde; car peux-tu imaginer un tiers dans lequel l'image et l'objet viendraient se confondre? Et ne sont-ils pas, par cette seule raison que l'un est objet, et l'autre image, nécessairement, éternellement et absolument séparés?

LUCIEN.

Sans doute.

BRUNO.

Maintenant, à laquelle de ces deux oppositions devra, à ton avis, appartenir le contraire qui existe entre l'unité et la différence?

LUCIEN.

Nécessairement à l'opposition absolue, puisque tu la fais consister seulement dans une unité supérieure.

BRUNO.

Très bien ; mais cette unité, tu l'as regardée comme n'existant point ; car, ne pensais-tu pas que l'unité n'est impure qu'autant qu'elle est opposée à la différence ?

LUCIEN.

Oui.

BRUNO.

Mais elle peut seulement lui être opposée dans le cas où l'unité supérieure se trouverait annulée ; ainsi, tu ne pouvais les supposer opposées que d'une manière relative.

LUCIEN.

Il est vrai.

BRUNO.

Si elles ne sont opposées que relativement, elles ne peuvent non plus s'unir que d'une manière relative en se limitant, et en se restreignant mutuellement, comme les deux corps dont nous venons de parler.

LUCIEN.

Évidemment.

BRUNO.

Et c'est seulement par cette limitation et cette restriction mutuelle que l'unité peut devenir impure, c'est-à-dire, prendre part à la différence.

LUCIEN.

Très bien.

BRUNO.

Ainsi, en supposant l'unité impure, tu établis nécessairement, entre l'unité et la différence, un rapport de cause à effet; de même que ceux qui, philosophant au hasard, établissent tour à tour l'unité et la multiplicité; tantôt les faisant influer l'une sur l'autre, et tantôt les liant l'une à l'autre.

LUCIEN.

Que les dieux me préservent d'admettre jamais de tels principes!

BRUNO.

Désormais, tu ne saurais donc plus sérieusement prétendre que l'unité que nous opposons au contraire soit nécessairement impure?

LUCIEN.

Non certes ; mais ne résulte-t-il pas cependant de ton opinion que ce qui est absolument opposé peut être aussi absolument *un*, et *vice versâ ?*

BRUNO.

C'est une conclusion nécessaire. Réfléchis bien à la pensée que tu viens d'exprimer, et dis-moi si tu peux imaginer une unité plus parfaite que celle qui existe entre l'objet et son image, quoiqu'il soit absolument impossible que jamais l'un et l'autre puissent passer ensemble dans un tiers. En conséquence, il faut nécessairement que tu les tiennes réunis par une plus haute unité ; c'est-à-dire, par ce qui fait que l'image est image, l'objet, objet, et que la lumière et le corps ne font qu'*un*.

Maintenant, avec un tel rapport et cet ordre du monde, établis en principe que, là où est l'objet, se trouve aussi l'image, et que là où est l'image, se rencontre toujours l'objet ; par cette raison même, ils sont donc nécessairement, et partout ensemble, parce qu'ils ne sont ensemble nulle part; car ce qui est absolument et infiniment opposé ne saurait être qu'infiniment et absolument réuni; et ce qui est infiniment réuni ne peut jamais et en rien se séparer: or, ce qui n'est jamais et en rien séparé, ce qui est absolument uni se trouve, par là même, absolument opposé. Ainsi, pour rendre impure l'unité secondaire en lui opposant la différence d'une manière relative, il faudrait nécessairement la séparer de l'unité absolue où elle ne fait qu'*un* avec le contraire.

Or, cela est impossible, car elle n'est rien en dehors de cette unité absolue; elle n'existe qu'en elle, et tout ce qu'on peut en dire ne se rapporte qu'à cette dernière. Ainsi, à l'égard de l'absolu, l'unité secondaire ne saurait être rendue impure par la différence; car ce n'est jamais par rapport à celui-ci qu'existe l'opposition. Tout, ici, est donc lumière pure, puisque sous le point de vue de l'unité absolue qui ne réunit point le fini et l'infini, mais qui les contient d'une manière indivise, il ne saurait y avoir ni ténèbres ni mélange.

LUCIEN.

Mais en établissant ce que tu appelles l'unité de l'unité et du contraire, es-tu bien certain d'avoir annulé tous les contraires; et pourrais-tu nous dire alors comment ceux que l'on a coutume de poser en philosophie se rapportent à un contraire suprême?

BRUNO.

Je ne saurais mettre en doute la première question; car il faut nécessairement, ou que les contraires ordinairement posés se rapportent à ce que nous appelons le contraire, ou à ce que nous nommons l'unité et le contraire. Mais, comme tu parais mettre ceci en doute, pour y répondre en même temps qu'au second point de la question, désigne-nous le contraire que tu regardes comme absolu.

LUCIEN.

Je prétends qu'il ne saurait y en avoir de plus élevé que celui qu'exprime l'opposition de l'idéal et du réel; de même que nous sommes forcés de placer l'unité suprême dans l'unité qui forme la base de l'idéal et du réel.

BRUNO.

Ta réponse ne nous satisfait point encore entièrement; et je te prierai de vouloir bien nous dire ce que tu entends par l'unité de cette base dont tu viens de parler.

LUCIEN.

L'unité de la pensée et de la perception.

BRUNO.

Je ne te chercherai point querelle sur cette définition, cher ami, et je ne te demanderai pas si tu nous donnes cette unité comme réelle ou comme simplement idéale; car comment ce qui est élevé au-dessus de la pensée et de la perception pourrait-il être opposé à l'une ou à l'autre?

Je ne veux point non plus examiner maintenant si ce que tu viens d'appeler perception ne serait pas plutôt une unité du réel et de l'idéal; car pour le moment, nous devons mettre de côté ces questions, afin de nous borner à la recherche de ce que tu entends toi-même par cette unité de la perception et de la pensée. Je l'avouerai franchement, tu me parais avoir exprimé par là ce que nous avons nommé l'unité du contraire et de l'unité, du fini et de l'infini. Dis-moi maintenant, cher ami, si tu ne regardes pas la perception comme complétement déterminée dans chaque cas particulier, et si tu n'as point établi l'unité de la pensée et de cette même perception ; car c'est seulement de cette manière que je puis me représenter le contraire, aussi bien que l'unité de l'une et de l'autre.

LUCIEN.

C'est bien cela.

BRUNO.

Mais alors, il faut nécessairement que la perception soit déterminée par quelque chose.

LUCIEN.

Sans nul doute, par une autre perception ; celle-ci par une troisième, et ainsi de suite à l'infini.

BRUNO.

Mais comment peux-tu supposer qu'une perception soit déterminée par une autre, si tu n'établis point en principe la différence dans toute la sphère des perceptions, en sorte que chacune de celles-ci reste particulière et sans que l'une puisse jamais être parfaitement semblable à l'autre?

LUCIEN.

Il est impossible qu'il puisse en être autrement.

BRUNO.

Passons maintenant à une idée générale, celle de la plante, d'une figure, ou de tout ce que tu voudras, et dis-moi si en considérant plusieurs plantes ou plusieurs figures les unes après les autres, cette même idée se change et se détermine tour à tour comme les perceptions, ou si, au contraire, cette idée générale ne demeure point invariablement la même par rapport aux plantes et aux figures, quelque dissemblables que puissent être celles-ci, et si elle ne reste point, à l'égard de toutes, l'indifférence même, quoiqu'elle leur soit toujours parfaitement conforme?

LUCIEN.

Sans doute.

BRUNO.

Ainsi, tu as défini les perceptions comme étant nécessairement soumises à la différence, et l'idée générale comme ce qui reste indifférent?

LUCIEN.

Oui.

BRUNO.

De plus, selon toi, ce qui caractérise la perception, c'est le particulier ; tandis que le général nous représente l'idée.

LUCIEN.

Il est clair qu'il en est ainsi.

BRUNO.

Quelle sublime conception tu viens d'exprimer par cette unité de la perception et de la pensée ! car, que peut-on se représenter de plus parfait et de plus admirable que la nature de celui dans lequel les objets particuliers se trouvent classés et déterminés par l'idée générale, en sorte que les uns et les autres ne peuvent y être séparés? Combien, par cette pensée, ne t'élèves-tu pas au-dessus de la connaissance finie qui n'admet point l'unité dans la division, et à quelle distance ne laisses-tu pas derrière toi de soi-disant philosophes qui opposent d'abord l'unité, puis la multiplicité, et enfin toutes deux, l'une à l'autre! Attachons-nous donc fortement à cette sublime idée, et sans descendre de la hauteur d'où nous l'avons d'abord aperçue, plaçons entre la pensée et la perception une unité telle, que ce qui est exprimé par l'une le soit aussi par l'autre, que les qualités de l'une soient de même celles de l'autre, et que toutes deux ne se réunissent pas seulement dans un tiers, mais ne fassent qu'une seule et même chose en soi, et avant toute séparation ; conséquence qui découle de l'excellence même de cette nature qui, en soi, n'est ni la pensée, ni la perception, ni toutes deux à la fois ; mais l'unité de l'une et de l'autre. Or, ne vois-tu pas que cette unité de la perception et de la pensée renferme implicitement aussi celle du fini et de l'infini, et qu'ainsi, sous différentes dénominations, nous avons fait d'un seul et même principe le principe suprême?

LUCIEN.

Je crois maintenant te comprendre ; car chaque idée générale emporte nécessairement avec elle une idée de l'infini, en se rapportant à une série infinie de choses aussi bien qu'à une seule ; tandis qu'au contraire, la chose particulière qui est l'objet de la perception, est nécessairement isolée et finie. Ainsi, nous établissons, avec l'unité de l'idée et de la perception, celle du fini et de l'infini. Néanmoins, comme ce sujet me semble, de préférence, mériter notre attention, je te prierai d'en continuer l'examen, et de voir surtout la manière dont l'idéal et le réel, le fini et l'infini se trouvent réunis dans la même unité.

BRUNO.

Tu as bien raison de dire que ce sujet mérite, de préférence, de fixer notre attention ; tu pourrais même ajouter avec plus de vérité encore, qu'il est le seul digne de l'étude philosophique, le seul dont la philosophie doive s'occuper ; en effet, n'est-il pas évident que nous sommes naturellement portés à placer l'infini dans le fini, et le fini dans l'infini, et que ce penchant domine dans toutes les recherches et les discours philosophiques? Ce mode de penser est éternel comme l'essence de ce qu'il exprime; il n'a jamais commencé et ne finira jamais; car il est, comme l'a dit Socrate dans Platon, la forme immortelle de toute recherche. Le jeune homme qui l'a rencontrée pour la première fois s'en félicite, comme s'il avait trouvé un trésor de sagesse; plein d'enthousiasme, il se livre avec ardeur à la recherche de la vérité; tantôt il rassemble dans l'unité de la pensée tout ce qui s'offre à lui; tantôt, au contraire, il l'analyse en le divisant en un grand nombre de parties. Cette forme est un présent des dieux aux hommes, Prométhée l'apporta sur la terre avec le feu le plus pur du ciel.

Dans cet ordre de choses, ce que nous regardons comme éternel se composant du fini et de l'infini; tout ce que nous pouvons véritablement distinguer, au contraire, devant être l'un des deux, il faut nécessairement qu'il y ait de *tout* une idée *une* et qu'ainsi *tout* soit dans *une* idée;

car l'idée *une* se distingue de l'idée générale, à laquelle seulement une partie de son essence appartient, en ce que cette dernière est une simple infinité et par cette raison, opposée immédiatement à la pluralité. La première, au contraire, en réunissant la pluralité et l'unité, le fini et l'infini, se rapporte également à l'un et à l'autre.

Comme nous avons déjà appris auparavant que la philosophie n'a proprement à s'occuper que des idées éternelles des choses, l'idée de toutes les idées sera ainsi l'unique objet de toute philosophie; or, cette idée *une* est celle qui exprime l'*inséparabilité* de la différence et de l'unité, de la perception et de la pensée.

La nature de cette unité est celle de la beauté et de la vérité même, car la beauté se trouve où le général et le particulier, où le genre et l'individu ne font absolument qu'*un*, comme dans les formes divines. Cela seul aussi est vrai, et puisque nous regardons cette idée comme la mesure suprême de la vérité, nous ne tiendrons plus pour absolument vrai que ce qui est vrai par rapport à cette idée ; et nous nommerons seulement vérités relatives et trompeuses celles qui manquent de vérité à l'égard de cette même idée. Nous aurons ainsi surtout à nous occuper, dans nos recherches, de la manière dont le fini s'unit avec l'infini dans l'unité suprême. Il faut nous rappeler, d'abord, que nous avons regardé le fini et l'infini comme absolument inséparables l'un de l'autre ; en sorte que l'essence de l'absolu n'est ni l'un ni l'autre, ce qui fait qu'elle est absolue; en sorte que tout ce qui, par rapport à cet absolu, est idéal, est immédiatement aussi réel, et tout ce qui est réel est en même temps idéal. Or il est évident que ce n'est point là le cas pour la connaissance humaine, puisque ce qui en elle est idéal, l'idée, est une simple possibilité, tandis que ce qui est réel, la chose, nous apparaît comme réalité. Et n'en est-il pas ainsi de toutes les idées possibles par lesquelles nous exprimons ce contraire du réel et de l'idéal ? Ne sommes-nous point forcés de dire que cette unité où l'idéal est inséparable du réel et celui-ci de celui-là, contient aussi la pluralité avec l'unité, le limité avec l'illimité, et *vice versâ* que, par conséquent, ils n'y font qu'*un*, et s'y trouvent liés l'un à l'autre d'une manière absolue?

LUCIEN.

Il en est réellement ainsi.

BRUNO.

Mais n'est-il pas évident que l'unité pour la connaissance finie, renferme seulement la possibilité infinie, et que la pluralité, au contraire, contient la réalité des choses; bien plus, que nous apercevons seulement dans la réalité sans bornes, la possibilité infinie de toute réalité, tandis que nous ne voyons que dans les bornes la réalité de cette même possibilité; qu'ainsi, le négatif devient positif et le positif négatif? C'est par cette même raison que ce qui est regardé comme l'essence en toutes choses, c'est-à-dire la substance, ne contient pour la connaissance finie que la simple possibilité d'être, tandis que ce qui n'est qu'une simple modification, ce que nous appelons l'accident, devient la réalité. Ainsi, comparées à l'idée suprême et à la manière dont elles existent dans cette idée, les choses n'apparaissent dans notre entendement qu'en sens inverse et comme les pieds en l'air ; à peu près de même que les objets que l'on voit se réfléchir sur la surface des eaux.

LUCIEN.

Tout ce que tu avances là est difficile à mettre en doute.

BRUNO.

En conséquence, n'aurons-nous pas raison de conclure que, puisqu'avec le contraire de l'idéal et du réel, le contraire de la possibilité et de la réalité se rencontre aussi dans toutes nos idées, les idées qui reposent sur ce dernier contraire, ou qui en découlent, ne sont nécessairement pas moins fausses que lui, et n'ont aucune signification par rapport à l'absolu ?

LUCIEN.

Il est nécessaire de tirer cette conclusion.

BRUNO.

Devons-nous considérer comme une perfection, ou comme une imperfection de notre nature, la faculté de penser quelque chose qui n'est pas d'avoir ainsi l'idée du non-être à côté de celle de l'être, et de pouvoir juger qu'une chose est et n'est pas?

LUCIEN.

Comparé avec l'idée suprême nous ne pouvons regarder cela comme une perfection ; car l'idée du non-être suppose une pensée qui n'est point exprimée dans la perception, ce qui est impossible dans l'absolu ; parce que, par rapport à lui, ce qui est exprimé dans l'idée générale doit l'être aussi, et immédiatement dans la perception.

BRUNO.

Ainsi, par rapport à l'idée suprême, nous pouvons tout aussi peu nous représenter une différence de l'être et du non-être que concevoir l'idée de l'impossible.

LUCIEN.

Nous ne pouvons certainement admettre cette dernière idée, parce qu'elle forme entre la pensée et la perception une contradiction qui ne saurait exister dans l'absolu.

BRUNO.

Mais, n'avons-nous pas établi que l'idéal, en tant qu'idéal, ne peut se limiter ; qu'ainsi, chaque idée générale est infinie en soi? Te représentes-tu cette infinité, ou comme naissant dans le temps, et ainsi, par sa nature même, ne pouvant jamais être remplie, ou comme une infinité actuellement présente et complète en soi?

LUCIEN.

Comme une infinité actuellement présente et complète en soi, puisque l'idée générale par sa nature même est infinie.

BRUNO.

Il est facile de comprendre, par là, pourquoi les hommes de peu d'expérience se sentent transportés de joie, lorsqu'ils s'aperçoivent qu'en définissant le triangle: *espace terminé par trois lignes*, ils ont exprimé une idée infinie, qui renferme en elle tous les triangles possibles, passés, présents et futurs, sans différence d'espèce, et que cette idée est également applicable à tous, sans distinction aucune, et sans qu'il soit nécessaire de recourir à la perception immédiate de ces mêmes triangles, quels qu'ils soient, à côtés égaux ou inégaux, isocèles ou non isocèles.

L'idée générale considérée en soi, contient, il il est vrai, la possibilité infinie de toutes les choses qui lui correspondent dans le temps infini, mais seulement comme possibilité, en sorte que cette idée, quoique d'une nature entièrement indépendante du temps, ne saurait être, cependant, regardée comme absolue.

LUCIEN.

Il en est réellement ainsi.

BRUNO.

Nous avons donc défini l'absolu comme n'étant essentiellement ni l'idéal, ni le réel, ni la pensée, ni l'être; mais comme étant, par rapport aux choses, nécessairement l'un et l'autre avec une égale infinité; car, à l'égard de lui-même, avons-nous dit, tout ce qui est réel est aussi idéal, et tout ce qui est idéal est réel en même temps.

LUCIEN.

Très certainement.

BRUNO.

Nous pouvons maintenant définir l'idéalité infinie une pensée infinie, à laquelle nous opposerons ce que tu as appelé perception infinie.

LUCIEN.

D'accord.

BRUNO.

Les idées générales des choses étant infinies par leur nature même, nous devrons les placer toutes, d'une manière infinie, et sans aucun rapport au temps, dans la pensée infinie.

LUCIEN.

Il le faut bien.

BRUNO.

Ainsi, la pensée infinie opposée à la perception infinie est, en nous, la possibilité infinie de toutes choses, toujours égale à elle-même et sans aucun rapport au temps.

LUCIEN

Nécessairement.

BRUNO.

Mais comme la pensée et la perception infinies ne

font qu'*un* dans l'absolu qui est leur unité suprême, toutes les choses s'y trouvent exprimées, non seulement d'une manière infinie par leurs idées générales, mais aussi d'une manière éternelle par leurs idées vraies, et, par conséquent, sans aucun rapport au temps, sans même le rapport d'opposition, et avec une unité absolue de la possibilité et de la réalité ; car la perception infinie étant avec la pensée dans le même rapport que l'être ou la réalité, si nous la considérons maintenant comme le réel infini, elle sera dans l'absolu, à l'égard de la pensée infinie, comme la possibilité de toutes choses ; seulement, à cause de l'unité de l'une et de l'autre, la possibilité infinie entraînera avec elle une égale réalité. Ainsi, comme les idées générales sont infinies, que rien ne s'interpose entre l'idée et la perception, excepté les idées et les perceptions des choses, celles-ci étant parfaitement conformes à celles-là, il s'ensuit qu'elles se trouvent exprimées, d'une manière infinie, dans les idées vraies.

LUCIEN.

Mais n'avons-nous pas déjà dit que chaque perception est déterminée par une autre, celle-ci par une troisième, et ainsi de suite à l'infini?

BRUNO.

Cette observation est juste; car ayant établi en principe que le fini est la perception même, nous ne pouvons placer la causalité que dans la série des différentes perceptions.

LUCIEN.

Mais comment pourras-tu faire accorder, avec cette existence éternelle des choses dans leurs idées, la détermination infinie des choses l'une par l'autre, laquelle semble ne se rapporter qu'à l'existence temporelle?

BRUNO.

N'as-tu point établi que l'idée générale est infinie, que la perception est finie; mais que toutes deux ne font qu'*un* dans l'idée absolue, et qu'elles n'y souffrent aucune séparation?

LUCIEN.

Telle a été notre manière de voir.

BRUNO.

Et que le seul réel en soi, c'est l'idée absolue ?

LUCIEN.

Assurément.

BRUNO.

Ainsi, par rapport à l'idée vraie, ni l'infini ni le fini n'étant quelque chose en soi, indépendamment de notre manière de les distinguer, et tous deux n'existant que par leur contraire, il s'ensuit que nous ne saurions donner à l'un la priorité sur l'autre, ou l'annuler pour l'amour de l'autre.

LUCIEN.

Impossible.

BRUNO.

Il est donc absolument nécessaire, puisque l'infini existe, que le fini existe aussi avec lui, inséparable de lui, dans ce que nous regardons comme l'éternel.

LUCIEN.

Evidemment; car autrement nous serions forcés de poser l'infini seul en principe; or, l'infini n'existe, comme infini, qu'en tant qu'il est opposé au fini.

BRUNO.

Mais tu as déclaré que le fini est toujours et nécessairement déterminé par un autre fini, ce dernier par un troisième, et ainsi de suite à l'infini.

LUCIEN.

Précisément.

BRUNO.

Or, ce fini à l'infini ne fait dans l'idée vraie avec l'infini en soi, qu'une seule et même chose, et s'y rattache immédiatement.

LTCIEN.

C'est ce que nous avons admis.

BRUNO.

Mais cet infini en soi, c'est l'idée générale.

LUCIEN.

Je l'accorde.

BRUNO.

Aucun fini ne peut donc se rapporter à l idée

générale et lui être conforme, si ce n'est comme fini infini.

LUCIEN.

C'est clair.

BRUNO.

Mais ce fini devient-il infini dans le temps?

LUCIEN.

Cela me paraît impossible; car ce qui est infini indépendamment du temps, ne saurait être contenu dans aucun temps, alors même que celui-ci serait infini, et toute infinité qui se rapporte à ce dernier ne saurait être égale ou proportionnée à l'infini en soi.

BRUNO.

Ainsi, c'est un fini qui est infini en dehors du temps ?

LUCIEN.

C'est une conséquence nécessaire.

BRUNO.

Mais l'idée générale seule est infinie sans le temps ?

LUCIEN.

Nous en sommes convenus.

BRUNO.

Ainsi, un fini infini en dehors du temps est celui qui, en soi, et par son essence même, est infini.

LUCIEN.

C'est encore vrai.

BRUNO.

Or, un infini qui, par son essence même, est infini, ne peut jamais et en aucune manière cesser d'être infini.

LUCIEN.

Jamais.

BRUNO.

En outre, ce qui est infini, non par le temps, mais en soi, ne saurait non plus cesser, par la soustraction du temps, d'être infini fini.

LUCIEN.

Pas davantage.

BRUNO.

De même, le fini infini ne peut cesser d'être

fini en soi, précisément parce qu'il est présent dans l'absolu, sans la condition du temps.

LUCIEN.

Ce raisonnement me paraît assez clair ; je te prierai, cependant, de continuer à développer cette pensée qui fait partie des choses les plus abstraites, et qui ne peut se comprendre au premier abord.

BRUNO.

Ainsi, nous n'avons séparé que par l'analyse la pensée infinie de l'idée vraie, dans laquelle elle ne fait immédiatement qu'*un* avec le fini. Dans la pensée infinie, sous le point de vue de la possibilité, tout est identique, sans différence de temps et de choses ; tandis qu'à l'égard de la réalité tout n'est plus unité, mais pluralité, et nécessairement et infiniment fini. Or, le fini en soi ne se trouve pas moins que l'infini en dehors de tous les temps ; comme, par son idée même, il exclut le temps, il ne saurait gagner en infinité ni perdre sa nature finie. Donc, pour représenter l'infini fini dans l'absolu, l'on n'a pas besoin du temps, quoique néanmoins il soit nécessaire que cet infini fini se prolonge dans un temps infini, quand on le sépare de l'absolu par la pensée. Mais alors, dans le temps infini, il ne saurait devenir plus infini fini qu'il ne le serait, d'après sa nature, dans le moment présent, quand même, par rapport à l'absolu, il n'existerait que dans ce même instant. Toutefois ceci peut encore être expliqué plus clairement de la manière suivante. Tout fini, comme tel, et considéré seulement sous le point de vue fini, n'a point la base de son existence en soi, mais nécessairement hors de soi. Ainsi, c'est une réalité dont la possibilité existe dans un autre fini. D'un autre côté, le fini ne renferme que la simple possibilité d'une infinité de choses sans la réalité ; et c'est pour cette raison qu'il reste imparfait nécessairement, et à l'infini. Or, c'est ce qu'il est impossible de penser par rapport à l'absolu ; car, en lui, en ne considérant que la forme qui est égale à l'essence, au point de vue de l'idée générale, le réel se trouve, il est vrai, éternellement et nécessairement opposé à l'idéal, comme le reflet au type modèle, et, toujours sous ce même point de vue, nécessairement fini, mais, en réalité, et par le fait, il est absolument égal à l'idéal.

A ne considérer le fini que par rapport à son idée générale, il est nécessairement et à l'infini individuel ; et, par cela même qu'il est une réalité dont la possibilité réside dans un autre fini, il renferme, à son tour, la possibilité infinie d'autres individus qui, par la même raison, contiennent aussi cette même possibilité, et ainsi de suite à l'infini. Mais, si nous considérons le fini d'une manière réelle, dans son unité absolue avec l'infini, alors la réalité se rattache immédiatement à la possibilité infinie d'autres individus que renferme l'être fini ; et, par le même motif, ce dernier jouit à son tour, comme être réel, de sa propre possibilité. Ainsi, toutes les choses, en tant qu'elles sont en Dieu, sont elles-mêmes absolues, en dehors de tous les temps, et chacune y jouit d'une vie éternelle. L'individu, au contraire, n'est isolé, et ne se détache de l'absolu que parce qu'il ne renferme que la possibilité d'autres individus, sans la réalité, ou qu'il ne contient qu'une réalité dont la possibilité n'est point en lui. Quel que soit le fini que nous puissions supposer, quelle que soit la différence de la possibilité et de la réalité, il en sera toujours comme de la possibilité infinie du corps entier qui se retrouve dans chaque partie d'un corps organique, à l'égard duquel la réalité existe immédiatement, et sans aucun rapport de temps; et comme, au contraire, aucune partie organique isolée n'a la possibilité en dehors d'elle, mais immédiatement avec elle dans les autres parties, il en est de même du fini dans l'absolu, la réalité n'y étant point séparée de la possibilité, ni celle-ci de celle-là.

Ainsi, de toutes les choses finies, connues et invisibles, ce qui se rapproche le plus du mode d'être du fini dans l'infini, c'est la manière dont la partie est liée au tout dans le corps organique; car, de même que celle-ci n'y existe point séparément, par la même raison, l'individu ne se trouve pas non plus isolé dans l'absolu.

Or, comme une partie organique, sous le point de vue de la réalité, n'est point isolée sans cesser, toutefois, de l'être idéalement ou pour elle-même, il en est de même du fini en tant qu'il est dans l'absolu. Le rapport du fini au fini dans l'absolu n'est par conséquent pas celui de la cause à l'effet, mais celui qui lie la partie isolée d'un corps organique aux autres parties.

Je ferai seulement observer que l'enchaînement du fini avec l'infini dans l'absolu est beaucoup plus parfait que celui qui a lieu dans les corps organiques; car chacun de ceux-ci renferme encore une possibilité dont la réalité est en dehors de lui, et à laquelle il se rapporte comme la cause à l'effet: aussi, un tel corps n'est-il que la faible image d'un modèle primitif dans l'absolu; modèle dans lequel chaque possibilité trouve sa réalité, et chaque réalité sa possibilité.

Par cette raison, le véritable univers étant d'une plénitude infinie, ne renfermant rien d'isolé, tout y étant absolument Un, et les choses s'y trouvant l'une dans l'autre, il faut nécessairement que, dans le reflet, il se prolonge en un temps illimité; de même que l'unité du possible et du réel en dehors du temps, dans le corps organique, a exigé, pour devenir étendue dans le reflet, un temps qui n'a pu avoir ni commencement ni fin. Ainsi, en dehors de l'absolu, point de fini en soi; et si ce dernier est isolé, ce n'est que par rapport à lui-même; car, ce qui est idéal dans le fini en dehors du temps, existe aussi comme réel dans l'absolu; si ce rapport de possibilité devient rapport de causalité, c'est l'individu qui l'établit pour soi, et si ce nouveau rapport est dépendant du temps, c'est encore l'individu qui se crée son propre temps. En effet, nous appelons passé ce dont il n'existe plus que la réalité, sans la possibilité, et futur, ce qui ne contient que la possibilité sans la réalité; donc, ce qui détermine le temps, c'est l'idée générale ou la possibilité définie par son rapport à un individu réel qu'elle renferme.

Ainsi déterminée, la possibilité exclut tout aussi bien le passé que le futur; mais, dans l'absolu, au contraire, l'être et le non-être sont immédiatement liés l'un à l'autre ; en effet, les choses non existantes et les idées générales de ces choses ne sont point autrement dans l'éternel que les choses existantes et leurs idées générales ; par conséquent, elles y sont toutes contenues d'une manière éternelle. D'un autre côté, les choses existantes et les idées de ces choses sont aussi dans l'absolu de la même manière que les choses non existantes et leurs idées ; c'est-à-dire qu'elles s'y trouvent dans leurs idéals. Toute autre existence n'est qu'apparence.

L'idée d'aucun individu n'est, en Dieu, séparée de l'idée générale de toutes les choses passées, présentes ou futures ; car, ces différences de temps n'ont, par rapport à lui, aucune signification ; ainsi, par exemple, dans l'idée générale d'un homme, la possibilité infinie est, en Dieu, non seulement réunie à la réalité infinie de tous les autres hommes, mais aussi à tout ce qui découle nécessairement, comme réel, de cette même possibilité. C'est pourquoi la vie modèle ou idéale de l'individu est dans l'absolu, bien plus pure et bien plus heureuse que sa vie propre; car, tout ce qui, dans l'être fini nous parait obscur et imparfait, considéré dans l'être éternel, contribue à la magnificence et à la divinité du *tout*.

Ainsi, cher ami, quoique nous comprenions le sens véritable et sublime de cette unité que tu as toi-même établie, nous ne pouvons cependant la rencontrer véritablement, ni d'aucune manière, dans la connaissance finie à laquelle elle restera toujours inaccessible.

Dans l'essence de cet absolu *un*, qui de tous les contraires n'est ni l'un ni l'autre, nous reconnaîtrons le père éternel et invisible de toutes choses, qui, sans jamais sortir de son éternité, comprend l'infini et le fini dans un seul et même acte de son intelligence divine. L'infini, c'est l'esprit qui est l'unité de toutes choses; quant au fini, il est, à la vérité, égal en soi à l'infini; mais il est aussi, par sa

propre volonté, un dieu soumis à la souffrance
et aux conditions du temps. Je crois maintenant avoir démontré comment *ces trois* ne sauraient être qu'*un* dans une seule et même essence, et aussi comment le fini, comme fini,
quoique sans le temps existe avec l'infini.

LUCIEN.

Tu nous as fait descendre dans les profondeurs
mystérieuses de l'incompréhensible, mais je suis
maintenant curieux de voir comment tu vas nous
ramener, de là, à la conscience de nous-mêmes,
au-dessus de laquelle tu viens de prendre un tel
essor.

BRUNO.

Je ne regarde point cette dernière objection
comme un reproche; car je n'ai fait autre chose
que prendre dans son sens le plus absolu l'idée
que tu as toi-même établie en principe.

LUCIEN.

Tu n'as pas fait autre chose, à la vérité; mais
tu l'as fait de manière que cette unité absolue
cesse d'être le principe de nos connaissances; et

précisément par cette raison, cesse aussi, selon moi, d'être le principe de la philosophie qui est la science de la science.

BRUNO.

En cela, nous pourrions être d'accord, mais je crains fort que tu n'entendes par connaissance, une connaissance subordonnée qui, par là même, exige un principe secondaire. Ainsi, voyons d'abord où tu cherches la connaissance.

LUCIEN.

Eh bien, je place la connaissance précisément dans cette unité de la pensée et de la perception que nous avons prise pour point de départ.

BRUNO.

Et ensuite, tu définis cette unité, principe de la connaissance?

LUCIEN.

Sans doute.

BRUNO.

Voyons, maintenant, comment tu te représentes cette unité, en tant que principe de la connaissance, et comme connaissance elle-même ; mais, dis-moi d'abord, cher ami, si tu crois que l'unité de l'idéal et du réel se trouve, dans le principe de la connaissance, de la même manière qu'elle existe dans l'absolu ; ou bien supposes-tu que cette unité y soit différente ? Si elle est identique, nous sommes d'accord, et tu diras du principe de la connaissance, ce que nous disions de l'absolu ; alors, dans ce cas, nous pourrions nous entendre ; seulement, tu te trouverais en contradiction avec toi-même ; car, si la même unité absolue se trouve exprimée dans le principe de la connaissance comme elle l'est dans l'absolu, tu t'élèveras nécessairement, avec la connaissance même, au-dessus de la connaissance et de la conscience.

LUCIEN.

Tu sembles perdre de vue que nous regardons, il est vrai, l'unité comme absolue, en tant qu'elle est le principe de la connaissance, mais comme absolue seulement dans son rapport à la conscience de la connaissance, et comme principe de la connaissance.

BRUNO.

J'ignore si j'ai bien saisi l'idée que tu viens d'émettre. La connaissance, comme unité de la pensée et de la perception, c'est la conscience de nous-mêmes ; or, le principe de la conscience est cette même unité, mais considérée seulement sous un point de vue pur et absolu ; elle est donc la conscience absolue ; tandis que la conscience secondaire est celle qui est dérivée, celle qui a un principe. Maintenant, ton opinion est-elle qu'en philosophie, nous n'avons aucune raison de nous élever au-dessus de la conscience pure qui nous est donnée avec la conscience secondaire ; ou bien, devons-nous la considérer d'une autre manière que par rapport à la conscience dont elle est le principe.

LUCIEN.

Je partagerais assez cette dernière opinion.

BRUNO.

Tu prétends donc aussi que l'unité, dans la

conscience dérivée, est autre que dans l'absolu?

LUCIEN.

Précisément, parce qu'il est nécessaire que l'unité soit autre dans le principe absolu, que dans le principe qui en dérive.

BRUNO.

Mais l'unité, dans la conscience absolue, est la même que celle qui existe dans l'absolu considéré en soi, purement et simplement. Or, l'unité, dans l'absolu, est aussi, selon nous, absolue; par conséquent, dans la connaissance, elle ne saurait être absolue.

LUCIEN.

Sans doute.

BRUNO.

Elle n'y est donc que relative, et si elle y est relative, l'idéal et le réel y sont aussi nécessairement distincts.

LUCIEN.

Nécessairement.

BRUNO.

Mais nous avons considéré l'un et l'autre, dans

l'absolu, comme n'étant pas distincts, comme n'admettant point la différence.

LUCIEN.

C'est vrai.

BRUNO.

Mais, s'ils ne sont pas distincts, s'ils sont absolument *un*, il n'y aura pas de cas possible où l'un, l'idéal, par exemple, puisse être établi comme idéal, sans que l'autre, le réel, ne soit, en même temps, également établi comme réel, *et vice versa*.

LUCIEN.

On ne saurait le nier.

BRUNO.

Ainsi, il n'y aura jamais un idéal pur, ni un réel pur; mais seulement une unité relative de l'un et de l'autre.

Or, comme l'un et l'autre ne font qu'*un* dans l'éternel, ils ne peuvent se séparer de l'unité absolue que l'un dans l'autre, le réel dans l'idéal et l'idéal dans le réel; et partout où cela n'existe pas, il n'y a ni l'un ni l'autre, mais l'unité absolue des deux. Sommes-nous maintenant d'accord?

LUCIEN.

En tous points.

BRUNO.

Ainsi, tu es inévitablement amené à conclure qu'aussitôt qu'une unité relative est établie en principe, son unité opposée apparaît en même temps; qu'ainsi le réel se séparant dans l'idéal, l'idéal à son tour se sépare dans le réel; donc, en perdant de vue l'unité absolue, l'unité relative doit nécessairement nous paraître divisée en deux points; l'un, où le réel devient l'idéal, et l'autre, où l'idéal devient le réel.

LUCIEN.

Tout cela ne saurait être mis en doute; et même on pourrait immédiatement démontrer qu'aussitôt que l'on établit en principe une conscience en général, ne fût-ce que celle du moi, cette séparation, que tu as définie, devient inévitable.

BRUNO.

Mais, la connaissance étant une unité relative, il y en a donc une autre qui lui est opposée?

LUCIEN.

Soit.

BRUNO.

Comment nommes-tu ce qui est opposé au principe qui connaît? ce qui ne connaît pas, sans doute?

LUCIEN.

L'être.

BRUNO.

Ainsi l'être est une unité relative comme la connaissance. Donc, la connaissance est tout aussi peu une idéalité pure que l'être est une pure réalité.

LUCIEN.

Ce raisonnement est juste.

BRUNO.

Par conséquent, aucune de ces deux unités n'est quelque chose en soi ; car elles n'existent que l'une par l'autre et l'une dans l'autre.

LUCIEN.

Cela me paraît exact.

BRUNO.

C'est évident ; car tu es aussi peu capable d'établir une connaissance en principe, sans supposer en même temps un être, qu'il ne t'est possible de supposer un être, sans admettre aussitôt une connaissance.

Ainsi, aucune de ces deux unités ne peut être le principe de l'autre.

LUCIEN.

Aucune.

BRUNO.

La connaissance, en tant que relative, est aussi peu le principe de l'être, que l'être, sous le même point de vue, n'est celui de la connaissance.

LUCIEN,

Je l'accorde.

BRUNO.

Tu ne saurais non plus annuler l'un de ces principes au profit de l'autre ; car ils vivent et périssent ensemble ; de sorte que, retrancher l'un, c'est détruire immédiatement l'autre.

LUCIEN.

J'en conviens.

BRUNO.

Selon toi, ils viendraient se confondre tous deux dans la conscience absolue ; or, la conscience absolue n'est l'unité qu'en tant qu'elle est le principe de l'unité relative qui est la connaissance.

LUCIEN.

Assurément.

BRUNO.

Il n'y a donc aucune raison de considérer l'unité absolue comme principe de l'une des deux unités relatives, de préférence à l'autre ; par exemple, comme principe de la connaissance, et d'annuler les contraires relatifs dans l'unité considérée de cette manière ; car elle est également le principe de l'une et de l'autre. En effet, nous la considérons en elle-même, et dans son rapport à la connaissance ; alors nous n'avons aucun motif de la limiter à ce rapport; ou nous ne l'envisageons point en soi, dans ce cas il y a égale raison de la considérer dans son rapport à l'unité relative opposée qui est tout aussi réelle que celle-ci, et de même origine. Ainsi donc, au lieu de ne voir cette unité que sous le rapport de la connaissance, pourquoi ne la rendrions-nous pas plutôt universelle, toujours présente, embrassant tout, et planant au-dessus de tout? Seulement alors, après l'avoir dégagée de son rapport à la conscience, nous la reconnaîtrons véritablement en soi, et nous en aurons la perception intellectuelle. Nous ne verrons plus dans les choses que les reflets de cette unité absolue; et même dans la connaissance, en tant qu'elle est unité relative, nous n'apercevrons, non plus, qu'une image tracée en sens inverse de cette unité absolue dans laquelle l'être est aussi peu déterminé par la pensée que la pensée par l'être.

LUCIEN.

Il est important que nous nous entendions sur ce point, cher ami, car, nous aussi, nous avons renvoyé la philosophie à la conscience, mais seulement dans la conviction que ces contraires de la connaissance et de l'être, n'ont aucune vérité en dehors de la conscience ; et qu'à part la conscience, il y a tout aussi peu un être comme être, qu'une connaissance comme connaissance. Or, tout ce que l'on regarde ordinairement comme réel, reposant entièrement sur le déplacement, ou la séparation relative, et la recomposition de l'unité absolue ; cette séparation elle-même n'étant qu'idéale et n'ayant lieu que dans la conscience, tu vois toi-même que cette doctrine est de l'idéalisme ; non point qu'elle détermine le réel par l'idéal, mais parce que le contraire des deux n'est pour elle qu'idéal.

BRUNO.

Je le conçois parfaitement.

LUCIEN.

Il est bien vrai, cher ami, que nous sommes d'accord en ce point : que cette séparation à l'égard de l'idée suprême est sans vérité ; mais tu ne nous as nullement démontré comment une telle émanation de l'éternel, à laquelle la conscience se trouve liée, peut être regardée non seulement comme possible, mais comme nécessaire.

BRUNO.

Tu as raison de me demander des éclaircissements sur ce point. Il est bien vrai qu'en prétendant avoir déjà reconnu originairement l'unité absolue dans son rapport à l'unité relative de la connaissance, tu échappes à cette question qui n'est qu'un cas particulier de la théorie générale sur l'origine du fini découlant de l'éternel. Ton avis est, sans doute, qu'à partir de l'éternel, sans supposer autre chose que l'idée suprême, je remonte à l'origine de la conscience effective, ainsi qu'à celle de la division et de la séparation qui sont co-existantes avec elle. Car cette séparation même avec ce qui lui est coordonné, est aussi comprise dans l'idée *une*; et, quels que soient les efforts que fasse le mortel pour agrandir le cercle de son existence, toujours l'éternité l'étreindra et jamais il ne pourra franchir l'horizon d'airain qui l'entoure. Eh bien, rappelle-toi que, dans cette unité suprême que nous considérons comme l'abîme sacré duquel tout sort, dans lequel tout rentre, par rapport auquel l'essence est la forme et la forme l'essence, nous plaçons d'abord l'infinité absolue, et qu'ensuite, nous rapportons à celle-ci, sans le lui opposer, le fini infini toujours présent, en dehors de tous les temps, illimité lui-même, et ne limitant point l'infini dont il satisfait toutes les exigences ; en sorte que l'un et l'autre ne font qu'une seule et même chose, ne restant divisés et distincts que dans le phénomène; dans le fait complétement *Un*, dans l'idée cependant, éternellement séparés; comme la pensée et l'être, l'idéal et le réel. Mais, par la raison que, dans cette unité absolue, tout est parfait et même absolu, ce que nous avons démontré, il n'y a rien qui se distingue du reste; car les choses ne se distinguent les unes des autres que par leurs imperfections, et les bornes qui leur sont imposées, marquées par la différence de la substance et de la forme; or, dans cette nature d'une perfection infinie, la forme est toujours égale à l'essence, parce que le fini, auquel seul appartient une différence relative de l'une et de l'autre n'y est point contenu comme fini, mais, d'une manière infinie, sans aucune différence. Cependant, comme le fini, quoiqu'en réalité parfaitement égal à l'infini, ne cesse point idéalement d'être fini dans l'idée, la différence de toutes les formes se retrouve encore dans cette unité suprême : seulement, elle n'y est pas séparée de l'indifférence, parce qu'elle ne saurait être distincte par rapport à cette unité ; mais elle y est contenue de telle sorte, que chaque individualité peut y puiser pour soi une vie particulière, et passer idéalement à une existence différente et subordonnée. De cette manière, l'Univers sommeille, pour ainsi dire, comme dans un germe d'une fertilité infinie avec la surabondance de ses formes, la richesse de sa vie et la plénitude de ses développements sans fin dans le temps, quoique réalisés dans le sein de cette éternelle unité qui embrasse le passé et l'avenir, tous deux sans limite pour le fini ; mais réunis, inséparables, sous le voile commun qui les recouvre.

Maintenant, il me semble avoir démontré suffisamment comment le fini, sans cesser d'être fini pour lui-même, est renfermé dans cette éternité absolue que nous pouvons nommer aussi l'éternité de la raison. Si le fini, quoique fini en soi, se trouve à côté de l'infini, c'est toujours comme fini; non, à la vérité, par rapport à l'infini, mais comme étant par soi-même la différence relative du réel et de l'idéal ; et c'est avec cette différence qu'il détermine, tout à la fois, et lui-même et son temps, ainsi que la réalité de toutes les choses dont la possibilité est contenue dans sa propre idée.

Mais tu comprendras ceci mieux encore en partant du principe que tu as toi-même accordé auparavant, à savoir, que l'unité de la pensée et de la perception est toujours présente, universelle; d'où il suit qu'aucune chose, qu'aucun être n'existe sans cette inséparabilité, et que rien ne saurait arriver à sa détermination propre, sans l'égalité définie de la pensée et de la perception. Puisque tu as établi cette dernière comme étant la différence, et l'autre comme étant l'indifférence, il n'y a aucun être dans lequel on ne retrouve la différence, comme expression de la perception, et l'indifférence comme expression de la pensée. A la première répond le corps, et à la seconde l'âme.

C'est ainsi que dans ce fini sans bornes uni à l'infini, les choses qui y sont contenues de toute éternité vivent aussi par leur être immédiat dans les idées, et y sont rendues plus ou moins capables de prendre le mode par lequel elles se détachent du fini illimité, non pour l'éternel, mais par rapport à elles-mêmes, et pour passer à l'existence temporelle. Ainsi, tu ne croiras pas que les choses individuelles, les formes variées des êtres vivants, tout ce que tu peux distinguer enfin, soit contenu et réellement isolé dans l'univers en soi, tel que nous l'apercevons ; mais tu penseras qu'au contraire il n'y a rien d'isolé que pour nous, et que l'unité se révèle dans chaque être, selon que celui-ci s'en est plus ou moins détaché.

Ainsi, la pierre que tu vois est, avec toutes les choses, dans une égalité absolue : aussi, pour elle, rien ne s'isole, rien ne sort de la nuit profonde. Au contraire, l'Univers s'ouvre plus ou moins pour l'animal dont la vie est en lui-même, suivant le degré d'individualité de ce dernier ; et enfin, aux yeux de l'homme, il étale tous ses trésors.

Retranchons cette unité relative, et tout redevient *Un*. Cette considération n'est-elle point propre à nous convaincre que l'existence de tous les êtres peut s'expliquer par *une* seule et même raison ? Qu'ainsi, il n'y a qu'*une* formule pour la connaissance de toutes choses, à savoir, que chaque être, en se détachant de la totalité avec le contraire relatif du fini et de l'infini, porte dans le point par où il réunit ces deux derniers, l'empreinte et comme l'image de l'éternel en soi; car l'unité du fini et de l'infini, du réel et de l'idéal, étant dans sa perfection la forme éternelle, et en même temps, comme forme, le représentant l'essence de l'absolu, la chose prend au point où elle passe de l'éternel à l'unité relative un reflet de *celui* dans lequel l'idée est aussi la substance, de même que la forme y est également le réel en soi.

Ainsi, les lois de tout fini peuvent généralement se déduire de cette égalité relative et de l'opposition du fini et de l'infini qui, là où elle est vivante, s'appelle, il est vrai, connaissance ; mais qui, dans son expression des choses, est, sous le rapport du mode, la même que dans la connaissance.

Je ne parle ici qu'en général ; et si quelqu'un trouvait cette définition obscure, faute de l'appliquer à l'individu, cela ne m'étonnerait nullement.

Voici, je crois, ce qu'il faut penser de l'Univers visible et des idées, en tant qu'elles deviennent corps. La différence n'existe en soi, dans ce que tu as nommé perception, qu'en tant que cette dernière est opposée à la pensée. La perception en soi, étant affranchie de toutes les formes, comme de toutes les configurations, est susceptible de les prendre toutes, fertilisée qu'elle est, de toute éternité, par la pensée infinie avec toutes les formes et les différences des choses. La perception infinie correspond à la pensée infinie d'une manière parfaite, se liant avec elle en une unité absolue où toutes les différences s'annulent, où rien de particulier ne saurait être contenu, par la raison qu'elle renferme tout.

Ainsi, ce n'est que par rapport à la chose individuelle, mais jamais à l'égard de l'absolu, où la pensée et la perception ne font qu'*un*, que nous voyons la perception et la pensée se diviser en contraires; car ce n'est que dans l'objet fini que la perception ne suffit plus à la pensée; mais, en se séparant de l'unité absolue, l'individu entraîne avec lui dans le temps l'idée *une* où toutes deux ne font qu'*un*, laquelle nous représente le réel; et tandis que, dans l'absolu, cette idée *une* tient le premier rang, ici elle n'est qu'au troisième. Cependant, ni la pensée ni la perception ne sont en soi subordonnées au temps; chacune d'elles ne le devient qu'en se séparant relativement de l'autre et en s'y réunissant ; car comme déjà les anciens nous l'ont enseigné, ce qui, par rapport à toutes choses, est susceptible de prendre la différence, forme le principe maternel, tandis que l'idée générale, ou la pensée infinie, nous offre le principe paternel. Mais ce qui procède des deux est né, et comme tel, revêt la forme d'une créature ; néanmoins, participant également de la nature de l'un et de l'autre, et réunissant de nouveau en soi la pensée et l'être d'une manière périssable, il imite, à faire illusion, la réalité absolue d'où il tire son origine ; mais il est nécessairement isolé en soi : isolé, en ce qu'il est seulement déterminé par le contraire relatif de l'idéal et du réel. Ces deux derniers n'étant mortels en soi ni l'un ni l'autre, le deviennent cependant l'un par l'autre, et transmettent ainsi au temps la chose même ou le réel. Ainsi, le dérivé, ou la créature, est nécessairement fini à l'infini, mais seulement par relation ; car le fini n'existant jamais véritablement en soi, il ne reste que l'unité du fini et de l'infini. Or ce fini considéré en soi produit à son tour, avec ce par quoi il est réel, cette unité elle-même; tandis qu'avec ce qui en elle est la forme, il n'est plus que l'unité relative du fini et de l'infini. Donc, plus une chose est parfaite, plus elle s'efforce de représenter l'infini dans ce qui en elle est fini, afin de rendre ainsi, autant que possible, le fini en soi égal à l'infini en soi. Or, plus le fini, dans un être, tient de la nature de l'infini, plus il participe à l'immortalité du tout, plus il est durable et parfait en soi, et moins il a besoin de ce qui est en dehors de lui. De cette nature, sont les astres et tous les mondes, dont les idées, de toutes celles qui sont en Dieu, sont les plus parfaites, parce qu'elles expriment le mieux cette existence du fini avec l'infini en Dieu.

J'entends par mondes l'unité première de chaque monde, qui seule produit dans chacun d'eux cette diversité et cette variété d'êtres particuliers, de la même manière que l'unité absolue engendre la multiplicité infinie de toutes choses. Ainsi, les mondes s'efforçant, chacun en particulier, de représenter en soi l'univers entier, et le représentant réellement, ils sont tous, il est vrai, susceptibles de transformations infinies comme les corps organiques, mais ils sont en eux-mêmes incorruptibles et impérissables ; de plus, libres et indépendants comme les idées des choses, lancés dans l'espace, ils se suffisent à eux-mêmes, comme êtres célestes ; et, comparés aux hommes périssables, ils représentent, pour nous, les dieux immortels.

C'est ce que je vais maintenant essayer de démontrer.

L'idée de chacun de ces mondes est absolue, en dehors du temps, véritablement parfaite ; mais ce qui, dans le phénomène, réunit en eux le fini avec l'infini en produisant cette réalité secondaire dont nous avons déjà parlé, c'est l'image immédiate de l'idée *une* ; laquelle image étant tout aussi peu susceptible de prendre la différence que cette dernière, place éternellement et de la même manière le général dans le particulier et le particulier dans le général.

Considérée en soi, l'image n'est autre chose que

l'unité sans origine comme sans condition ; mais dans son rapport au contraire, elle produit l'unité.

Or, le contraire, comme nous le savons, est celui du fini et de l'infini ; et le fini lui-même se rapporte à son tour à l'infini comme la différence à l'indifférence. Cependant le fini, par lui-même, n'a aucune réalité ; bien plus, son rapport à la substance est de nature telle, qu'il ne lui est égal qu'après avoir été multiplié par son carré. Il est facile de deviner en partie par ce qui précède, ce que j'entends par son carré, et on le comprendra mieux encore par la suite.

Ainsi, l'infini est opposé à ce que nous avons nommé le fini dans les choses. Or, le premier, en tant qu'il se rapporte immédiatement à ce fini, n'est que l'infini du fini ; non l'unité infinie de tout fini, mais l'unité relative de ce fini, ou l'idée générale, qui en étant l'âme, ne se rapporte immédiatement qu'à celui-ci.

Cette unité relative à laquelle le fini vient se rattacher, dans chaque chose, comme le particulier au général, par le point où l'unité et le contraire sont inséparables, cette unité, dis-je, est précisément ce qui sépare la chose de la totalité des choses, et qui fait que, persistant dans son isolement, celle-ci reste éternellement différente des autres, seulement, toujours égale à elle-même. Mais la première condition par laquelle l'infini en soi peut être l'infini de ce fini, à l'exclusion de tout autre, c'est que ce fini soit absolument fini et non infini. Or, ce n'est pas seulement l'infini, dans son rapport au fini, qui se trouve ici posé en principe, mais encore le point qui les rattache l'un à l'autre, point que nous sommes convenus de regarder comme une image de l'éternel. Ce qui procède du rapport du fini, de l'infini, et de l'éternel au fini, quand les deux premiers deviennent absolument égaux, c'est l'espace, cette image éternellement paisible et tranquille de l'éternité.

L'idée générale qui se rapporte immédiatement au fini est exprimée dans la chose par la première dimension, ou la longueur pure; car on reconnaît que dans l'extension, la ligne répond à l'idée générale dans la pensée ; d'abord, parce qu'elle est infinie considérée en elle-même et qu'elle ne renferme en elle aucune base du fini ; ensuite, parce qu'elle est l'acte de séparation le plus pur et le plus élevé de la totalité de l'espace et l'âme de toutes les figures. C'est par cette raison que les géomètres, incapables de la faire naître de la totalité, la postulent, pour indiquer par là qu'elle est bien plutôt un acte qu'un être.

Or, cet acte d'isolement est en même temps ce qui trouble l'unité universelle ; par lui, tout se particularise en sortant de l'absolu où rien ne se distingue ; car, dans cet acte, l'unité étant relative et opposée à la particularité, l'on ne saurait voir en elle l'unité absolue, mais seulement l'égalité relative du sujet et de l'objet. L'expression de l'unité relative, dans la chose, c'est la force de cohésion par laquelle celle-ci devient *une* avec elle-même. C'est ainsi que nous voyons, par égalité relative, le fer s'attacher à l'aimant, et chaque chose s'allier à ce qui a pour elle le plus d'affinité, de ressemblance ou qui lui est le plus homogène. Mais, comme l'unité relative ne peut exister que par rapport à un fini isolé ou à la différence, la seconde dimension est donc nécessairement liée à la première. Ainsi, de même que l'unité absolue du contraire et de l'unité, c'est l'éternel, de même aussi, le point où l'unité et le contraire diffèrent, et celui où ils sont tous deux réunis, c'est le dérivé ou la créature. Donc, l'image des rapports intérieurs de l'absolu, par son développement dans l'étendue, forme la base des trois dimensions, dont l'égalité absolue donne l'espace.

Ceci s'expliquera mieux encore par la suite. Nous avons dit que l'idée générale, en tant qu'elle ne se rapporte immédiatement qu'à ce fini déterminé, est aussi elle-même finie et seulement l'âme de l'individu. Mais en soi, elle est infinie. Or le fini se rapporte à l'idée infinie, comme la racine à son carré. En tant que l'idée, comme infinie, se trouve en dehors de l'objet, celui-ci, n'ayant pas le temps en lui-même, est nécessairement soumis au temps; car le temps est l'image de la pensée infinie; image toujours mobile, d'une éternelle fraîcheur et se déroulant avec harmonie; l'égalité relative d'une chose est elle-même l'expression du temps dans cette chose. Ainsi, partout où l'égalité relative devient vivante, infinie, active et se montre comme telle, elle est le temps lui-même; et, en nous, c'est ce que nous appelons la conscience de nous-mêmes. Mais, dans la chose, en tant qu'elle n'est pas absolument unie à la pensée infinie, nous ne voyons que l'expression morte de cette ligne vivante; quant à l'acte même qui s'exprime dans la chose, par l'unité que celle-ci emporte avec soi, il demeure caché dans l'infini. Ainsi, par ce mode de l'unité, la chose restant égale à soi et devenant de cette manière sujet et objet d'elle-même, se trouve subordonnée à la loi du temps, comme à celle de la ligne droite. Or, la chose est simplement pour soi, ou idéalement isolée, et en dehors de l'idée infinie; elle n'est réelle que par son point de réunion avec celle-ci, point par lequel elle rentre dans la totalité des choses.

Tant qu'elle se borne à maintenir l'égalité relative avec elle-même, le général et le particulier ne se rattachent point à elle d'une autre manière que la ligne à l'angle, et par conséquent en formant le triangle. Mais, en tant que l'objet particulier se lie à l'idée infinie des choses, laquelle se rapporte à son fini comme le carré à sa racine, cette idée infinie ne peut se rattacher à la chose isolée que comme en étant la carré.

Cependant, cet enchaînement ne peut se faire que par le point où le général et le particulier ne font absolument qu'*Un*, et où, comme nous le savons, toute différence s'annule : ainsi la chose n'existant, comme telle, que par le contraire du général et du particulier, n'est point égale à cet absolu *Un* sans contraire, et encore moins lui-même; mais elle se trouve séparée de lui, ou plutôt, dans un rapport de différence avec lui. C'est pourquoi l'absolu, à l'égard de la chose, n'est point ce qui existe, ce qui apparaît, mais bien ce qui est la base de l'existence.

Or, si l'on multiplie le carré par ce dont il est

le carré, on obtient le cube, qui est l'image sensible de l'idée *Une*, ou de l'unité absolue du contraire et de l'unité même.

Je vais continuer à démontrer ceci de la manière suivante.

Le réel apparent, de même que le véritable, ne saurait être qu'un réel qui rattache le fini à l'infini ; car l'unité et la différence n'étant en soi que des définitions purement idéales, les choses n'ont de réalité qu'autant qu'elles expriment l'unité de l'une et de l'autre. Comme l'unité est représentée dans les choses par la première dimension, et la différence par la seconde, l'expression la plus parfaite de leur unité sera la chose où elle s'effacent toutes deux, c'est-à-dire l'épaisseur ou la profondeur.

Or, le principe selon lequel les choses apparaissent dans un rapport différentiel et qui en elles rattache au corps, l'âme, ou l'expression de la pensée infinie, c'est la pesanteur ; toutefois, elles ne sont soumises à cette force que dans le cas où le temps ne tombe pas en elles et n'y devient pas vivant. Lorsque le contraire a lieu, alors elles subsistent par elles-mêmes, sont vivantes, libres, et même absolues comme les mondes.

La pesanteur, cependant (car il est nécessaire de le savoir d'avance), la pesanteur qui sans cesse ramène la différence à l'indifférence universelle, est indivisible en soi ; en conséquence, quelle que soit la division que l'on fasse subir à une chose sensible, la pesanteur ne se trouvera ni partagée, ni augmentée, ni diminuée en soi ; de plus, étant d'une nature telle, qu'elle forme l'indifférence de l'espace et du temps, elle ne saurait être opposée à aucun des deux ni diminuer, quand l'espace, qui est l'expression de la différence, augmente, ni augmenter quand celui-ci diminue. Ainsi, plus une chose s'éloigne de la totalité, moins il y a en elle de désir ou de tendance, sous le point de vue idéal, à rentrer dans l'unité de toutes choses ; mais cela ne fait point changer la pesanteur ; toujours elle reste immuable, égale à elle-même, indifférente à l'égard de toutes choses. Maintenant, ce qui détermine les choses pour la simple ligne droite et l'idée générale finie, forme la partie inorganique; mais ce qui leur donne la configuration, ou ce qui les détermine pour le jugement et le rapport du particulier au général, c'est la partie organique; ensuite, ce par quoi elles expriment l'unité absolue du général et du particulier, c'est la raison.

En conséquence, ce que nous exigeons dans une chose pour sa réalité peut s'exprimer par trois degrés ou puissances; en sorte que chaque chose représente l'univers à sa manière. Nous avons déjà démontré que ce qui n'est qu'au troisième rang dans les choses individuelles, occupe en soi le premier : c'est la pureté suprême, la clarté sans ombre, qui n'est troublée dans les choses que par ce que nous avons jusqu'ici nommé l'unité et le contraire, mais que nous pouvons appeler, lorsqu'il y a vie, la conscience de nous-mêmes et le sentiment. Cependant, la seule dimension réelle, c'est la raison, qui est l'image la plus immédiate de l'éternel ; car l'espace absolu ne le représente jamais que par rapport à la différence :

Quant à l'unité relative et au contraire, comme ils ne sont que de simples déterminations de formes, ils créent l'unité pure, précisément parce qu'ils la troublent en remplissant l'espace. Jusqu'ici j'ai parlé surtout des choses moins parfaites qui ont en dehors d'elles-mêmes la pensée infinie; maintenant revenons à la contemplation de celles dont la perfection est plus grande, et que le vulgaire appelle mondes, mais que nous nommerons êtres doués de sens et d'intelligence; car il est évident que leur temps est né avec eux et que l'idée générale infinie leur a été donnée comme l'âme qui dirige et coordonne leurs mouvements. Représentant l'infini dans ce qui en eux est fini, ils expriment l'idée comme idée, et vivent aussi, non, comme les choses soumises à l'idée générale, d'une vie dépendante et subordonnée, mais d'une vie absolue et divine.

D'après ce que nous avons déjà démontré, nous pourrons facilement comprendre comment ce qui est avec l'infini en soi, de toute éternité, peut être contenu dans le fini sous des formes innombrables d'une plénitude infinie, et comment nous retrouvons ici de nouveau l'unité où vient se concentrer la puissance de choses innombrables liées entre elles par des rapports infinis. Mais, d'après la même loi, selon laquelle l'unité secondaire se détache de l'unité suprême, elle partage aussi, après avoir enfanté la pluralité infinie des choses, la perfection de l'unité première, et jouit, dans des êtres sans nombre, de la vie qui lui vient d'en-haut. De cette manière, tout ce qui existe a une unité d'où il a tiré son origine, et dont il est séparé par l'opposition qui est en lui du fini et de l'infini; tandis que cette unité est sortie à son tour d'une unité supérieure, renfermant l'indifférence de toutes les choses qui y sont comprises. Ou bien une chose a l'être en elle-même, est à elle-même la substance, ce qui n'est possible que dans le cas où le fini est en elle égal à l'infini, et qu'elle peut, dans son isolement, représenter l'univers; ou bien, elle n'est point pour soi la substance, et alors elle est forcée d'être continuellement là où elle peut exister seule, pour retourner ensuite à l'unité d'où elle est sortie.

Or, la différence pure ou le fini pur, dans une chose, est ce qui fait que l'apparence d'une idée tombe dans l'espace ; mais cette apparence est de l'idée véritable, une partie telle, qu'elle a besoin d'être multipliée trois fois par elle-même pour pouvoir égaler cette idée ; et comme la grandeur de la différence détermine aussi pour une chose, dans l'espace, le plus ou le moins d'éloignement où cette chose se trouve de l'image de son unité, l'unité absolue, à son tour, se rapporte exactement à l'image véritable qui tombe dans l'espace, comme la différence pure à l'idée *Une*. La distance est réelle ou simplement idéale ; mais toujours idéale là où une chose n'est point à elle-même la substance ; car les choses diverses que nous voyons réunies en un tout, ainsi que la terre, sont à l'égard de la distance comme l'unité ; cependant chacune d'elles est pesante à une certaine distance, ce qui détermine les divers degrés de la pesanteur particulière. Or, le temps, cette unité vivante, s'unit, dans la pesanteur, à la différence ; de l'union de l'unité avec la différence résulte la mesure du temps, le mouvement; ainsi, lorsque, dans l'espace, une chose n'a point en soi la substance, elle se meut nécessairement vers celle où elle trouve l'être ; et ceci a lieu de manière que le temps du mouvement soit égal, non à la distance qui est l'expression sensible de la différence, mais au carré de la distance ; c'est pourquoi, en raison inverse, les temps diminuent et les espaces deviennent égaux à leurs carrés, lorsque la chose qui n'a point en soi la substance se meut vers celle par laquelle elle existe. Mais, dans les choses plus parfaites qui ont en elles-mêmes l'être et la vie, la différence, ou le fini pur, ne cesse pas, au point de vue de l'idée générale, d'être opposée à l'infini, quoique réellement elle lui soit absolument égale par rapport à la substance. En tant que le fini pur est idéalement opposé à l'infini, ce dernier s'y rapporte comme son carré, et l'infini détermine alors, pour la chose dont il mesure le fini, la ligne de la distance qui sépare cette chose de l'image de l'unité.

Mais, considéré réellement et par rapport à ce qui est à soi-même sa propre vie, le fini est uni à l'infini de manière que ce dernier ne se rapporte plus au premier comme son carré, mais comme égal à égal.

D'un autre côté, la chose ne peut être à elle-même sa propre substance qu'autant que la ligne de sa distance devient en elle vivante; et celle-ci peut seulement le devenir lorsque la différence, ou le fini pur, est égale à l'idée générale infinie, laquelle étant le temps réuni à la distance, imprime à la ligne un mouvement circulaire ou elliptique.

C'est ainsi que les sphères sont nées avec leur temps; mais elles-mêmes ont été instruites par leur nature céleste, par leurs mouvements orbiculaires, à être le symbole du *Tout* qui, en se déployant dans toutes les natures, rentre cependant toujours dans son unité; car le point par lequel les astres se séparent et s'éloignent de l'image de leur unité, et celui par lequel ils rentrent dans la pensée infinie, ne sont pas en eux séparés comme dans les choses terrestres, ni divisés en forces ennemies; mais ils s'y trouvent liés avec harmonie; et comme seuls ils sont véritablement immortels, seuls ils jouissent aussi, dans l'isolement de leur existence, de la béatitude de l'univers.

Mais, dans leur mouvement circulaire qui est l'annulation de tout contraire, l'unité pure, la constance absolue, ils participent à la paix divine du monde véritable et sont entourés de toute la magnificence des premiers moteurs.

Ainsi, gardons-nous de perdre de vue le sens des lois qu'une intelligence divine semble nous avoir révélées.

Un être qui subsiste par lui-même, semblable à Dieu, n'est point subordonné au temps; mais il force, au contraire, ce dernier à se soumettre à lui et à reconnaître ses lois; en outre, rendant, en soi, le fini égal à l'infini, il modère la puissance du temps; en sorte que, multiplié, non plus par ce dont il est le carré, mais par lui-même, le temps devient égal à l'idée vraie. De cette modération du temps résulte la mesure céleste de ce dernier, ou le mouvement dans lequel l'espace et le temps même sont posés comme des grandeurs parfaitement égales qui, multipliées par elles-mêmes, engendrent cet être de nature divine.

Ainsi, représentons-nous le mouvement orbiculaire comme entier, simple, non comme composé, mais comme unité absolue de deux forces, sous des formes parfaitement égales, l'une par laquelle une chose est dans l'unité, et que l'on nomme communément pesanteur, l'autre par laquelle elle existe en elle-même, et que l'on peut considérer comme l'opposé de la pesanteur ; toutes deux étant le même *tout*, formant une seule et même chose ; car un objet étant dans l'unité, ne saurait en être éloigné en soi-même, ni, en tant qu'il est en soi, se trouver dans l'unité autrement que par la réunion absolue en lui du fini et de l'infini ; mais, une fois réunis de la sorte, ceux-ci ne peuvent jamais et d'aucune manière se séparer, et ce que nous distinguons dans l'objet en mouvement n'est donc point l'un ou l'autre, mais toujours et nécessairement l'unité même du fini et de l'infini. Ainsi, aucune des sphères n'est éloignée de son unité, ni ne lui est unie par autre chose que par l'excellence de sa propre nature, laquelle consiste à ramener vers l'unité absolue ce par quoi elle en est séparée, et, d'un autre côté, à rattacher l'unité elle-même à ce qui l'en sépare, se trouvant ainsi à égale distance de son unité sans s'unir à elle, ni s'en éloigner. Or, si la chose, mue par elle-même, pouvait, d'une manière parfaitement égale, faire rentrer la différence en soi dans l'indifférence, et faire passer ensuite l'indifférence dans sa différence, il en résulterait cette figure qui est l'expression la plus parfaite de la raison, de l'unité du général et du particulier, la circonférence.

Si cette forme était générale, les sphères célestes décriraient, dans des temps égaux, des arcs parfaitement égaux, et cette différence de l'espace et du temps que nous avons vue, en particulier, dans le mouvement de l'individu vers son unité, serait entièrement annulée. Alors, elles seraient toutes également parfaites ; mais la beauté incréée qui se dévoile en elles a voulu généralement que dans la chose par laquelle elle devenait visible, il existât une trace du *particulier*, afin que les yeux du corps pussent ainsi l'apercevoir et ressentir ce ravissement indicible qu'inspire toujours la beauté en se découvrant dans les choses concrètes; et qu'en même temps les yeux de l'âme, par la perception de cette unité impérissable exprimée dans la différence, fussent à même d'arriver jusqu'à l'intuition de la beauté absolue et de son essence.

C'est pourquoi, en se dévoilant dans les cieux à l'œil mortel, la beauté a voulu que cette égalité absolue, qui dirige les mouvements des sphères, parût divisée en deux points; que dans chacun d'eux, il est vrai, cette même unité de la différence et de l'indifférence fût exprimée; mais que, dans l'un, la différence devînt égale à l'indifférence, et que, dans l'autre, l'indifférence fût égale à la différence ; et qu'ainsi, la véritable unité fût toujours présente par le fait, mais non par l'apparence. De cette manière, il arrive que, premièrement, les sphères se meuvent dans des lignes qui rentrent, il est vrai, en elles-mêmes comme la circonférence ; mais qui ne se décrivent pas, comme celle-ci, autour d'un centre unique, mais autour de deux foyers se servant mutuellement de contre-poids, et dont l'un est rempli, par la lumineuse image de l'unité dont ils sortent, tandis que l'autre exprime l'idée de chacun d'eux, en tant qu'il est absolu et qu'il représente le *tout* pour lui-même. C'est ainsi que l'unité exprime, dans la différence, la destinée particulière de chacune des sphères qui sont à la fois, comme êtres particuliers, absolues, et en tant qu'absolues, êtres particuliers. Mais, comme la différence n'est ici qu'apparente et que réellement elle n'existe point en soi, ces êtres célestes ont été instruits par un art véritablement divin, tantôt à modérer et à ralentir le cours de leurs mouvements, tantôt à suivre avec plus de liberté leur propre impulsion, et à décrire, dans la distance plus grande, un arc plus petit dans le même espace de temps qu'elles emploient à parcourir un arc plus grand dans la distance moindre ; afin que, de cette manière, les temps et les espaces redevinssent égaux, et que la distance, qui n'est vivante que par son égalité avec le temps inné, ne cessât point de l'être.

Par cette sagesse plus que mortelle qui maintient l'égalité dans la différence même, il arrive que les astres, dont les orbes sont en apparence des lignes qui ne forment point le cercle, décrivent, cependant, *idéalement*, de véritables circonférences. Jusqu'ici, je n'ai parlé que sommairement de l'ordre des mouvements célestes ; si j'entrais dans tous les développements que comporte un tel sujet, je dépasserais le but que je me suis proposé en traitant cette matière. Toutefois, nous pourrons encore y revenir dans la suite ; mais nulle langue humaine n'est capable de louer dignement la sagesse divine ; de même que l'œil mortel ne suffit point à mesurer la profondeur de la céleste intelligence qui se découvre dans ces mouvements.

Maintenant nous allons chercher à démontrer d'après quelles lois l'ordre, le nombre, la grandeur et les autres qualités appréciables des astres se trouvent déterminés. Qnant à l'ordre, je dirai d'abord que le *tout* ne se compose que des transformations diverses de la même matière, mais qu'il renferme deux régions différentes. La première est habitée par les sphères d'un ordre supérieur auxquelles le temps s'est uni d'une manière beaucoup plus parfaite qu'aux autres, et dont l'unité se rapproche le plus de l'absolu ; et la seconde, par celles qui ont en elles-mêmes le temps d'une manière moins parfaite et qui, par conséquent, subsistent moins par elles-mêmes. Comme tout ce qui a la vie du temps en porte au dehors l'expression, qui est la ligne, laquelle, unie à la matière, produit la cohésion et la solidité, il s'ensuit que parmi toutes les sphères, même les plus parfaites, chacune a reçu en particulier l'empreinte du temps; ou la ligne que nous appelons son axe, et dont les points extrêmes sont marqués par le sud et le nord ; qu'ensuite, le temps *a été imprimé au tout*, de telle sorte que, toutes ensemble, elles forment une ligne commune, et que, selon la place qu'elles y occupent, elles ont un degré moindre ou plus grand de cohésion et d'unité avec elles-mêmes, tandis que les points extrêmes de la totalité sont toujours entre eux comme le Sud et le Nord.

Ainsi, les sphères qui, prises ensemble, représentent la ligne qui lie le sud au nord, sont faites d'une matière plus solide et plus durable que les autres ; puis, elles sont classées entre elles de telle sorte qu'à cette ligne, correspondent toutes les régions du ciel, et que chaque système, en particulier, est représenté par trois astres, dont l'un, celui qui s'éloigne le moins de l'image de l'unité, occupe la première place, tandis que le troisième, ou le plus éloigné, lui est opposé. L'astre mitoyen représente à son tour, dans ce système, l'indifférence à l'égard des deux autres ; en sorte qu'aucun d'eux ne diffère essentiellement de l'autre.

Le nombre des astres compris dans cette ligne pourrait se rapporter au nombre douze. Ces astres sont doués des mouvements les plus parfaits ; et de même que, pris ensemble, ils représentent la liaison du nord au sud, de même les autres sphères qui habitent la seconde région lient l'est à l'ouest ; en sorte, cependant, qu'au milieu de cette opposition même, toutes les régions du ciel, dont chacune a nécessairement son expression dans toute chose corporelle, forment un réseau immense en se rattachant les unes aux autres. Mais, comme les astres secondaires ont en eux-mêmes une sorte d'unité qui est moins absolue que celle des premiers, par la raison qu'ils se rapprochent davantage de l'unité absolue, ils s'écartent aussi, plus ou moins, du mouvement que nous regardons comme le plus parfait.

Trouver la loi qui détermine leur nombre, lequel augmente dans d'immenses proportions, serait une chose impossible.

Si quelqu'un réfléchissait davantage à ce que nous avons déjà dit, et, plus encore, s'il connaissait les lois mystérieuses du triangle, il pourrait comprendre dans quel ordre les distances augmentent parmi ceux des astres qui jouissent en eux-mêmes d'une vie plus parfaite.

Quant aux masses et aux densités, l'art céleste a voulu qu'en général les masses plus grandes occupassent le milieu, mais que les plus denses fussent les plus voisines de l'unité ou de l'image de l'unité, et que, prises à part, elles fussent représentées par trois astres, dans un ordre tel, que le plus dense fût suivi par celui qui offre une masse plus grande, et celui-ci par un autre qui, entre les deux, s'éloigne le plus, dans son cours, de la ligne du cercle. Mais, en général, voici quelle est la loi qui régit ces derniers. Les choses, dans l'univers, sont plus ou moins parfaites selon que le temps s'est plus ou moins identifié avec elles : or, il s'est identifié avec toutes celles qui se distinguent des autres; car nous avons déjà dit que, dans chaque chose, l'expression du temps, c'est la ligne, ou la longueur pure. Donc, celle qui exprimera le mieux la longueur en soi, représentera aussi le temps d'une manière beaucoup plus parfaite que toutes les autres choses isolées et corporelles : or, si une chose possède le temps d'une manière active et comme vivant en elle, elle doit aussi renfermer plus ou moins, dans son idée, la possibilité d'autres choses : aussi voyons-nous cette pierre que les anciens ont nommée la pierre d'Héraclis et les modernes aimant, quoiqu'elle paraisse isolée, avoir cependant la connaissance et le sentiment de certaines choses qu'elle met en mouvement en les attirant à elle ou en les repoussant; en outre, semblable à l'oiseau voyageur qui dirige son essor vers d'autres climats, le changement des saisons ne lui est point étranger; elle est aussi *indicateur* du temps, et enfin, de même que les corps célestes, mais d'une manière beaucoup plus imparfaite, et subordonnée à l'unité qui est en dehors d'elle, elle compte ses jours, et ses années. Si le temps ne s'est point uni à l'aimant d'une manière plus complète, la cause en est dans l'imperfection de son corps ou de ce qui est en lui pure différence.

Ainsi donc, plus une chose est intimement unie au temps, moins elle a besoin de l'unité en dehors d'elle, car elle est à elle-même l'unité ; mais alors elle ne saurait être de celles qui sont le plus sujettes à la pesanteur et qui sont les plus denses. Par la même raison, les plus denses posséderont le temps en elles d'une manière moins parfaite ; enfin, celles qui participent le moins au temps sont aussi les moins individuelles, les moins séparées de l'unité, et, par conséquent, moins soumises aux lois de la pesanteur, qui, de la part de la chose, exige un rapport de différence. Appliquons cela aux corps célestes, et nous comprendrons pourquoi ceux auxquels le temps a été incorporé de la manière la plus parfaite, sont aussi ceux qui sont d'une nature plus élevée, ceux qui expriment le mieux, par leurs mouvements, l'égalité qui est en eux, ceux qui, enfin, n'ont qu'une densité moindre. Ensuite, nous verrons aussi pourquoi les plus denses n'ayant qu'imparfaitement le temps en eux-mêmes, s'écartent, plus que les premiers, de la forme la plus belle du mouvement : et enfin, pourquoi ceux qui ont le moins en eux l'expression du temps ; de la forme, et de la configuration, s'éloignent aussi davantage du mouvement le plus parfait et sont de tous les corps les moins denses, non qu'ils aient moins besoin de l'unité, mais parce qu'ils en sont le moins séparés.

Et c'est en cela que consiste le secret des différences que nous remarquons dans les choses célestes par rapport à la perfection avec laquelle elles imitent, dans leurs mouvements, la figure la plus belle et la plus admirable.

Tout ayant donc été ordonné de la sorte avec mesure, nombre et harmonie, chaque sphère contient une double unité ; par la première, chacune devient pour elle-même absolue, et, par conséquent, organique, libre, vivante, et, représente le mieux cette réunion parfaite du fini avec l'infini, dont l'idée, en Dieu, sera pour nous la créature absolue ; par la seconde, elle rentre dans l'unité, et se trouve, dans l'absolu, avec ce qui, en elle, est pure différence. La céleste sagesse ayant ensuite décidé que l'égalité de ces deux unités serait seulement maintenue dans la différence, il fut résolu, dès ce moment, qu'avec cette différence, la séparation dans les choses aurait lieu : que les unes pourraient seulement, comme différence, rentrer dans l'indifférence ; que, de plus, elles seraient entièrement soumises à la pesanteur, à cause de la manière imparfaite dont le temps est en elles, et qu'elles paraîtraient commes mortes et sans vie ; qu'ensuite, dans les autres, la différence même deviendrait l'indifférence, parce qu'ayant en elles le temps et la vie d'une manière beaucoup plus parfaite, elles seraient vivantes, organiques, et qu'elles exprimeraient le mieux, parmi tous les êtres individuels, cette unité des sphères par laquelle elles sont libres, raisonnables, et deviennent leur propre univers.

Ainsi, tandis que dans les sphères célestes, ce qui était destiné à vivre dans un *autre* que soi-même se séparait de leur unité, celles-ci furent peuplées en même temps d'êtres vivants de toute espèce, selon les perfections diverses que renfermait la première unité ; et cela, par la même loi qui rapprochait plus ou moins de la circonférence les orbites de ces mêmes sphères. Plus une sphère réunissait d'une manière parfaite l'unité par laquelle elle devenait organique, et celle par laquelle elle restait inorganique, plus elle se rapprochait nécessairement du type du mouvement.

Mais, au centre de toutes, dans l'image même de leur unité, brilla soudain la lumière immortelle qui est l'idée de toutes les choses. Car l'idée, qui est la forme, étant égale à la substance, ou plutôt étant cette substance même, il fallait bien qu'au point où, par la substance, toutes les choses ne font qu'*un* dans l'univers, l'idée de toutes y fût aussi exprimée. Afin donc que cette unité de l'essence et de la forme pût se manifester, la céleste Sagesse créa un astre qui est, à la fois, toute masse, toute lumière et le foyer du monde, ou, comme d'autres l'appellent, la garde sacrée de Jupiter. Mais, comme cet astre a été lui-même tiré d'une unité supérieure, et qu'il est individuel, il exprime ce qui forme encore en lui la différence, par des taches obscures dispersées sur son horizon lumineux.

Mais, parce que la lumière, comme idée, est en même temps l'indifférence de l'espace et du temps, il fut ordonné, en outre, qu'elle décrirait l'espace dans toutes les directions, sans toutefois le remplir, et qu'elle éclairerait toutes choses, pour être ainsi le flambeau et l'indicateur du temps, et devenir la mesure des années et des jours.

Car le soleil, outre qu'il est l'indifférence de toutes les choses contenues dans l'univers, tend aussi continuellement à se rattacher à la pure différence dans les autres sphères qui se meuvent autour de lui pour maintenir, par là, sa propre unité relative, pour continuer à vivre par ces dernières, et, en un mot, pour devenir *un* avec elles, de la même manière qu'une chose est *une* avec soi-même. Mais plus le temps est né avec une chose d'une manière parfaite, plus elle est égale à soi-même. C'est pourquoi nous voyons que la terre, conservant, même dans ce qui est mort en elle, l'empreinte vivante du temps, réunit la différence par l'unité de l'idée et la ligne qui est l'expression de la conscience d'elle-même, et qui, dans l'apparition ou le phénomène, se manifeste comme l'axe dont nous avons désigné les points extrêmes par le Sud et le Nord.

De cette manière, liant en soi le particulier au général, la terre gravite vers le soleil, qui, lui-même, contribue au maintien de ce qu'il y a de particulier en elle, en s'efforçant de l'unir à l'expression du temps qu'il a en soi.

Comme la terre, de même que chaque autre sphère, exprime dans la direction de la longueur son unité relative, qui consiste à réunir en elle la différence à l'idée générale ; de son côté, le soleil s'efforce de produire une semblable unité relative dans le sens de la largeur, en cherchant à rattacher son idée générale à l'idée particulière de chacune des sphères.

De la résistance que chaque sphère oppose, par sa vie propre, à cette tendance générale du soleil, sont nés, d'abord le jour et la nuit ; car cette tendance engendre le mouvement de rotation de chaque sphère. Mais, en même temps, l'année a été séparée du jour, en sorte que le temps inné et vivant de chaque sphère n'a pu devenir égal à celui de la sphère supérieure, ni se confondre avec lui.

Car, si le soleil pouvait ainsi devenir *un* avec une sphère, comme une chose est *une* avec soi-même, il en résulterait que cette sphère, pendant le même temps qu'elle emploie à se mouvoir une fois autour d'elle-même, exécuterait aussi son mouvement autour du soleil ; qu'ainsi l'année serait égale au jour ; mais alors la moitié de la terre ne jouirait ni de la vue du soleil, ni de la lumière. De même que nous voyons ces sphères inférieures appelées lunes, diriger toujours la même face vers celles dont elles sont les satellites, et avoir un seul temps pendant lequel elles se meuvent autour d'elles-mêmes et de leur planète. Mais la différence de la terre, laquelle n'est vivante que par sa réunion avec l'idée générale et l'âme de la terre, serait anéantie si elle venait à s'identifier avec l'unité relative du soleil. Ainsi que nous venons de le décrire, l'univers forme comme un immense réseau, et cherche, de plus en plus, à devenir semblable à soi-même, à ne faire enfin avec soi qu'un corps et qu'une âme.

Mais, de même que dans un être vivant l'âme se partage en plusieurs membres de formes diverses, qui tous empruntent une âme particulière à l'âme commune, et que chaque partie, quoique reliée au tout, vit cependant pour elle même ; il en est ainsi dans l'univers, afin que celui-ci ne fasse qu'*un* dans la pluralité, et reste fini dans l'infinité. Chaque partie se trouvant de cette manière avec son temps particulier, tandis que le tout est formé de Dieu, il s'ensuit que l'univers renferme le temps en soi d'une manière absolue, sans se trouver lui-même dans aucun temps ; ayant ainsi une organisation telle, qu'il ne saurait mourir.

Nous avons nommé la lumière, l'éternelle idée de toutes les choses corporelles ; partout donc où, dans une chose, le fini devient égal à l'infini, l'idée, ou plutôt cette connaissance absolue dans laquelle disparaît tout contraire de la pensée et de l'être, s'y trouve aussi exprimée; car ici la forme, c'est la substance, et la substance la forme, toutes deux inséparables. Or, plus une chose est isolée, plus elle persévère dans son isolement, et plus aussi elle se sépare de l'idée éternelle de toutes choses, idée qui se projette dans la lumière extérieure, comme l'infini dans le temps; mais cette chose elle-même appartient à ce qui n'est pas; c'est-à-dire à ce qui est le fondement de l'existence, à l'antique nuit, la mère de toutes choses. La lumière que nous voyons avec les yeux du corps n'est pas l'indifférence même de la pensée et de l'être considérée en soi, mais seulement, en tant qu'elle se rapporte à une différence comme celle de la terre ou d'une autre sphère. Ainsi, plus un corps terrestre se sépare de la totalité de la terre, plus il est nécessairement opaque, et moins, au contraire, le degré de séparation est grand, plus le corps est diaphane.

Quant au degré de l'animation, je dis qu'une chose est animée selon qu'elle a en soi le temps et la lumière.

La forme, en tant que forme, n'est point l'âme de la chose ; mais, plus elle est parfaite, plus elle se rapproche de la substance. L'âme, c'est l'idée générale de la chose, laquelle, considérée sous le point de vue du fini, est seulement destinée à être l'âme de la chose individuellement existante. Ainsi, l'âme de chaque chose ne perçoit de l'univers que ce que la chose en a représenté. La chose purement corporelle est donc, comme nous le savons déjà, nécessairement et à l'infini, une chose isolée.

L'être organique, au contraire, dans lequel la lumière et la forme deviennent la substance même, renferme dans son idée la possibilité d'un nombre infini de choses en dehors de la chose individuelle ; comme, par exemple, la possibilité de se reproduire et de se multiplier à l'infini, ou celle de créer d'autres choses différentes de lui, et qu'il réunit à lui par le mouvement ; ou enfin, la possibilité d'autres choses qui sont différentes de lui et qui, pourtant, se trouvent en lui, parce que l'idée s'est identifiée avec lui et qu'elle est, dans son rapport à une différence, le principe qui perçoit. Mais comme les êtres organiques, quoiqu'ayant en soi la vie et l'idée infinie, sont forcés de tirer du dehors la différence, qui devrait toujours être proportionnée à l'idée, et la condition même de la vie, ils deviennent nécessairement par là, dépendants, nécessiteux, sujets à la maladie, à la vieillesse et enfin à la mort; en sorte qu'ils n'égalent d'aucune manière l'excellence des choses célestes.

Or, les êtres organiques ayant en eux, d'une manière plus ou moins parfaite, l'unité par laquelle la terre devient à elle-même sa propre substance, sans être eux-mêmes cette unité, s'y rapportent néanmoins comme à leur base, et sont, il est vrai, raisonnables dans leurs actions, mais jamais par la raison qui réside en eux-mêmes, toujours, au contraire, par celle qui est dans l'univers et qui se révèle en eux comme leur force de gravité.

Cependant les êtres organiques étant isolés, et par conséquent imparfaits, par le contraire de l'idéal et du réel, de l'âme et du corps, toutes leurs actions sont dirigées vers l'unité; non point par cette dernière, mais par le principe divin qui la dirige. Or, celui-ci a donné aux êtres organiques une telle unité avec toutes les choses qui contribuent à leur existence, qu'ils se sentent dans ces mêmes choses, et cherchent, de toutes manières, à s'identifier avec elles.

Ce principe divin leur a aussi communiqué un rayon de l'art vivant d'après lequel toutes choses sont construites, et il leur a enseigné, en même temps, par une suite d'actions plus ou moins compliquées, à atteindre en dehors d'eux-mêmes, dans quelques unes de leurs œuvres, l'indifférence de la pensée et de l'être qu'ils n'ont point en eux; œuvres qui paraissent plus ou moins parfaites, selon que l'idée générale qui les anime est plus ou moins unie à l'idée d'autres choses. Le principe divin a aussi inspiré à ces mêmes êtres, aux êtres organiques, une partie de la musique céleste qui est dans tout l'univers, dans la lumière et dans les sphères, et il a enseigné à celles qui devaient habiter l'Éther à rentrer dans l'unité absolue en s'oubliant elles-mêmes dans leurs propres chants.

Parmi les êtres, l'unité a laissé aux uns moins, aux autres plus de liberté, et a permis à ces derniers de jouir d'elle en eux, plus qu'en dehors d'eux-mêmes. C'est ainsi qu'une mère riche et féconde s'engendre elle-même dans tous ses enfants; mais, en se communiquant à l'un davantage, à l'autre moins, et en ne se donnant entièrement qu'à un seul.

Or, communiquant avec différence à chacun ce qui est en elle-même, l'unité a distingué ce qui, en elle, n'est pas distinct; car chaque qualité particulière des êtres vivants vient de ce qu'aucun d'eux n'a en soi toute l'indifférence de l'unité qui, étant la forme de toutes les formes, ne saurait elle-même en égaler aucune en particulier. Mais l'être qui n'a point complétement en soi la substance, ne peut non plus se séparer entièrement de l'unité, et il n'existe qu'en elle. Nous savons, il est vrai, que la chose purement corporelle n'est qu'une expression morte de l'idée générale; que l'idée vivante, au contraire, se trouve en dehors d'elle dans l'infini, et qu'elle n'a, par conséquent, qu'une vie extérieure dans l'absolu.

A chaque mode passif d'être, correspond dans l'univers un mode actif, et chaque créature, outre qu'elle est une manière particulière d'être, participe encore à l'idée vivante, et jouit aussi d'une existence intime dans l'absolu; mais comme elle n'exprime que d'une manière imparfaite l'infini dans le fini que cette idée représente, et qu'elle ne fait que participer à cette dernière, elle n'est point le principe qui perçoit, mais elle se trouve seulement dans un rapport de différence avec lui.

Or, l'âme étant de la nature de l'infini en soi, et le corps, quoique fini, représentant néanmoins l'univers dans le fini infini, cette égalité absolue, cachée en Dieu de l'infini qui est le type, et du fini infini qui est le reflet, se révèle dans l'être temporel. Ainsi, le type primitif par rapport auquel l'âme et le corps, la pensée et l'être ne font absolument qu'*un*, portera en soi l'essence de l'Éternel, de l'Indivisible, dans lequel l'idée est aussi la substance ; quant à l'âme, elle sera, il est vrai, la connaissance infinie; mais, comme âme d'une existence individuelle seulement, elle ne sera que la possibilité infinie de tout ce qu'il y a de réalité exprimée dans cette existence. Quant à cette individualité dont nous avons fait le corps, quoiqu'elle ne soit point un être fini, mais un infini fini qui représente en soi la totalité, elle reste néanmoins isolée au point de vue de l'idée, et, par conséquent, appréciable, par opposition à d'autres choses qui expriment un être fini ou infini, et dont la possibilité sans la réalité, ou la réalité sans la possibilité est contenue dans l'idée générale du corps.

Si nous nous représentons maintenant la pensée infinie qui, en devenant égale à l'être, se révèle comme connaissance infinie dans le fini, et comme l'âme du corps, en tant que ce dernier est isolé, elle doit aussi nécessairement ne nous apparaître qu'infinie dans le fini, et comme idée générale isolée de la connaissance infinie, quoique de la nature la plus parfaite ; au contraire, en la considérant en soi, elle n'est point l'âme de cette chose, mais l'idée infinie de l'âme elle-même et ce qui est commun à toutes les âmes.

Ainsi, nous regardons comme existante la connaissance infinie qui est l'idée vivante et immortelle de toutes choses ; mais comme cela ne saurait avoir lieu que par rapport à une chose isolée, nous établissons immédiatement alors le contraire de la différence et de l'indifférence, et en quelque sorte une âme double ; l'une qui renferme la réalité de l'intelligence infinie, et l'autre la possibilité infinie.

Maintenant, si nous sommes en état de prouver que, simultanément avec cette séparation, tout ce qui appartient au monde réflété a été fait, non par rapport à l'absolu, mais en vue de la conscience ; que cette dernière n'est que pour soi, et que les choses temporelles, ainsi que le monde entier des phénomènes, n'existent que pour elle, nous aurons atteint le but que nous nous sommes proposé, et nous aurons tiré l'origine de la conscience, de l'idée même de l'éternel et de son unité intime, sans accorder ni admettre la moindre transition de l'infini au fini.

Mais auparavant redoublons d'efforts pour bien nous attacher à l'*impérissable*, à cet *immuable* qui accompagne nécessairement le *mobile* et le *variable*; car l'âme ne se fatigue jamais en revenant sans cesse à la contemplation de l'Être par excellence. Nous nous rappellerons aussi que tout ce qui sort de cette unité, ou tout ce qui paraît s'en détacher y trouve d'avance, il est vrai, la possibilité d'être pour soi; mais que la réalité de l'existence individuelle ne se trouve que dans la chose elle-même, et seulement d'une manière idéale; et qu'elle n'y est idéalement qu'autant qu'une chose, par son mode d'être dans l'absolu, peut devenir à soi-même sa propre unité.

Ainsi une chose ne saurait être déterminée par la durée, qu'en tant qu'elle est l'objet d'une âme finie elle-même, et dont l'existence se détermine par la durée; à son tour, l'existence d'une âme ne peut se déterminer comme durée, qu'en tant qu'elle est destinée à être l'idée d'une chose existant isolément; c'est pourquoi l'âme est tout aussi peu quelque chose en soi que le corps, puisque l'un n'est temporel que par l'autre; l'unité de l'un et de l'autre n'existe en soi que dans l'Être non soumis à la durée; dans cette nature bienheureuse où la possibilité n'est point séparée de la réalité, ni la pensée de l'être, dans le type modèle enfin qui est incréé et véritablement impérissable. Car ni l'âme qui se rapporte immédiatement au corps n'est immortelle, puisque celui-ci ne l'est point, et qu'en général l'existence de l'âme n'est appréciable que par la durée et ne se détermine qu'autant que le corps existe, ni même l'âme de l'âme qui se rapporte exactement à l'âme individuelle, comme cette dernière se rapporte au corps. De plus, l'âme n'existant que par son contraire relatif avec le corps, et n'étant ainsi rien en soi, n'apparaît que par le contraire; par conséquent, elle n'est destinée à l'existence qu'en tant qu'elle est l'idée générale d'un être particulier; et cela, non par une réunion quelconque avec la chose, mais par sa nature finie en vertu de laquelle la possibilité qui, en Dieu, s'unit à la réalité de l'âme, de même que la réalité qui, en Dieu aussi, se rattache à la possibilité de l'âme, se trouve en dehors de l'âme par rapport à l'âme elle-même. Car les idées générales, qui sont les idées immédiates des choses finies, se trouvent dans le même rapport que ces dernières, et sont, comme elles, opposées à l'idée générale infinie, et ne lui sont conformes qu'autant qu'elles sont infinies dans le fini. Ainsi, de même qu'une chose détermine son temps en renfermant une réalité dont la possibilité est en dehors d'elle, ou une possibilité dont la réalité n'est point en elle, il en est de même de l'idée générale en tant qu'elle est purement finie; donc à l'égard des choses, comme à l'égard des idées immédiates, cette unité infinie dans laquelle chaque possibilité a immédiatement en soi et avec soi sa réalité, et chaque réalité sa possibilité, produit, en se reflétant, un rapport de causalité, en sorte que, chaque idée générale semble appelée à l'existence par une autre idée qui donne la perception immédiate de sa possibilité; cette dernière idée, à son tour, est déterminée par une idée subséquente de la même espèce, et ainsi de suite à l'infini.

En conséquence, les idées générales finies n'étant que les choses finies elles-mêmes, et ne faisant avec elles absolument qu'*un*, le contraire du fini et de l'infini peut généralement se poser comme le contraire des idées finies et de l'idée générale infinie de toutes les idées. En sorte que les premières se rapportent à celle-ci, comme le réel à l'idéal, d'où il suit que la différence de l'idéal et du réel n'est elle-même différence que dans la sphère des idées.

Or, il n'y a que l'idée générale séparée de son idée infinie, et considérée sous le point de vue de cette séparation même, qui apparaisse et qui soit destinée à l'existence, tandis que son idée pure ou elle-même, considérée dans son union avec l'infini, vit, en Dieu, dans une éternelle communauté avec lui. Mais l'idée finie, en tant qu'elle est isolée, ne reçoit, de ce qui en Dieu est éternel et en dehors du temps, que ce qui se détache avec elle de la *totalité*, et ceci est à son tour déterminé par la possibilité d'autres choses à laquelle l'idée finie est unie en Dieu.

La loi d'après laquelle l'âme s'individualise et paraît destinée à l'existence, nous permettrait, si elle était connue, car chaque âme est une partie du corps organique infini qui existe dans l'idée, nous permettrait, dis-je, de voir de loin l'harmonie de ce monde brillant que nous n'apercevons d'ici que comme dans un miroir. Mais il serait aussi difficile de trouver une telle loi, qu'impossible à tous de l'exprimer.

Cependant, trouver les lois les plus générales d'après lesquelles le monde absolu se réflète dans la connaissance finie, est peut-être le but le plus noble que puisse se proposer la science.

En conséquence, continuons notre raisonnement en partant du point que nous venons de désigner; point où, par le rapport immédiat de la connaissance infinie à une chose individuelle, le contraire relatif du fini et de l'infini se trouve immédiatement et nécessairement posé dans la connaissance; nous atteindrons alors au but que nous nous sommes proposé ; ensuite nous pourrons revenir, de la manière la plus sûre, à l'origine de toutes choses, quand nous aurons démontré que tous les contraires par lesquels les choses finies se déterminent et se distinguent les unes des autres, sont formés par cette unique séparation qui n'a lieu que dans l'éternel, et non par rapport à l'absolu, mais seulement en vue des choses séparées du *tout* pour elles-mêmes.

Mais, pour procéder d'une manière plus certaine et répandre de nouvelles lumières sur notre sujet, récapitulons une fois encore et sommairement ce sur quoi nous sommes tombés d'accord.

LUCIEN.

Avec plaisir.

BRUNO.

Ainsi, la connaissance infinie peut seulement exister comme l'âme d'une chose qui représente en soi le fini infini, c'est-à-dire l'univers.

LUCIEN.

Il en doit être ainsi ; car nous avons déjà dit

que chaque idée générale n'existe que parce qu'elle est l'idée d'une chose existante.

BRUNO.

Or, cette chose est nécessairement individuelle, et comme telle sujette, dans son existence, au temps et à la durée.

LUCIEN.

Sans doute.

BRUNO.

Mais alors il en est de même de l'âme dont cette chose est l'objet immédiat?

LUCIEN.

De même.

BRUNO.

L'âme donc, qui est l'idée de cette chose (et nous ne parlons que de cette âme) n'est, à son tour, qu'une partie de la possibilité qui, en Dieu, existe réellement en dehors de tous les temps; or, l'âme individuelle n'emporte avec elle que la réalité de ce dont la possibilité est contenue en elle-même.

LUCIEN.

Nécessairement.

BRUNO.

Mais n'avons-nous pas admis que l'âme est la connaissance infinie?

LUCIEN.

Assurément; mais nous ne la supposons telle qu'en la considérant en soi; comme l'âme de cette chose, au contraire, nous la supposons nécessairement finie et soumise à la durée.

BRUNO.

Nous considérons ainsi l'âme sous un double point de vue.

LUCIEN.

Naturellement; car si nous la supposons seulement comme ne se rapportant qu'à ce dont elle est l'idée, alors elle n'est point la connaissance infinie; si, au contraire, nous la considérons uniquement comme infinie, elle ne nous paraît plus être alors l'idée d'une chose existante; en conséquence elle-même n'existe plus pour nous. Nous sommes donc forcés d'admettre que l'âme est à la fois finie et infinie.

BRUNO.

Ainsi, la connaissance infinie existe, ou apparaît seulement, sous la forme de la différence et de l'indifférence.

LUCIEN.

C'est juste.

BRUNO.

Mais ces deux âmes doivent être nécessairement réunies ; l'une, en tant qu'elle ne fait qu'*un* avec le corps, qu'elle est le corps même, et l'autre, en tant qu'elle est la connaissance infinie.

LUCIEN.

Réunies toutes deux par l'idée éternelle où le fini et l'infini sont égaux.

BRUNO.

Cette idée ne se trouve qu'en Dieu ; le contraire de la différence et de l'indifférence n'est dans l'âme elle-même qu'autant qu'elle existe.

LUCIEN.

C'est encore vrai.

BRUNO.

Mais ne viens-tu pas de dire que, considérée sous un point de vue, l'âme ne fait qu'*un* avec le corps, qu'elle est le corps lui-même?

LUCIEN.

C'est ce que j'ai dit.

BRUNO.

Quel rapport établiras-tu maintenant entre l'âme considérée comme infinie, et celle que nous regardons comme finie?

LUCIEN.

Nécessairement celui de l'âme au corps.

BRUNO.

Alors, c'est dans l'âme même que nous avons placé le contraire qui existe entre l'âme et le corps?

LUCIEN.

Il semble en être ainsi.

BRUNO.

Donc. c'est dans l'âme aussi, en tant qu'elle est finie, que nous devrons établir tous les rapports qui, nécessairement, sont attribués au corps.

LUCIEN.

Nous ne pouvons faire autrement.

BRUNO.

Mais nous avons défini l'âme, en tant qu'elle se rapporte au corps, comme la possibilité dont la réalité est exprimée dans le corps.

LUCIEN.

Précisément.

BRUNO.

En conséquence, puisque nous avons établi en principe que l'âme, comme idée immédiate du corps, ne fait avec celui-ci qu'une seule et même chose, ne sommes-nous pas forcés maintenant d'opposer à l'âme infinie l'âme qui se rapporte immédiatement au corps, comme réalité de la possibilité, et d'opposer l'âme infinie à l'âme finie, comme possibilité de la réalité?

LUCIEN.

Sans contredit.

BRUNO.

Mais cette possibilité est nécessairement infinie

en soi ; tandis que cette réalité, au contraire, est finie.

LUCIEN.

Pourrait-il en être autrement ?

BRUNO.

Ainsi, tu nous permettras sans difficulté de nommer la première, l'idée générale infinie de la connaissance ; quant à la dernière, comme elle n'est qu'une pensée par rapport à un être, nous la nommerons la connaissance même, mais la connaissance objective.

LUCIEN.

Pourquoi pas ?

BRUNO.

Or, cette connaissance objective faisant partie de la chaîne des causes et des effets, puisqu'elle est finie comme le corps, demeure nécessairement et à l'infini, individuelle et déterminée.

LUCIEN.

On ne saurait le nier.

BRUNO.

Mais par quoi penses-tu qu'elle se trouve déterminée? Est-ce par quelque chose en dehors d'elle, ou par elle-même?

LUCIEN.

Évidemment par elle-même.

BRUNO.

Ainsi, c'est en elle-même que tu places un enchaînement de causes et d'effets; de telle sorte que chaque connaissance individuelle se trouve également déterminée par une autre connaissance particulière; celle-ci par une troisième, et ainsi de suite à l'infini.

LUCIEN.

Il en est réellement ainsi.

BRUNO.

Alors, tu poses par là en principe que, dans cette série, chaque connaissance est distincte de celle qui la détermine, et que chacune y reste ainsi nécessairement différente à l'infini.

LUCIEN.

Il ne peut en être autrement.

BRUNO.

Quant à cette idée générale infinie de la connaissance, elle est toujours, dans notre pensée, égale à elle-même, immuable, indépendante du temps, et en dehors de cet enchaînement dont nous venons de parler.

LUCIEN.

Nécessairement.

BRUNO.

Ainsi, entre la connaissance objective et la connaissance infinie, tu établis un rapport identique à celui qui existait déjà, selon nous, entre la perception et la pensée?

LUCIEN.

Assurément.

BRUNO.

Or, selon toi, cette unité de la pensée et de la perception, c'est l'unité de l'idéal et du réel. Tu vois donc que tu as employé pour cette unité l'expression d'un point unique, comme si cette unité se trouvait restreinte à ce seul point. Nous ne devons pas moins chercher à bien déterminer ce dernier, afin d'apprendre à en connaître toute l'importance. Ainsi, en posant en principe l'unité de perception et de la pensée, tu établis nécessairement aussi que la connaissance objective est égale à l'idée générale infinie de la connaissance ?

LUCIEN.

Tel est mon principe.

BRUNO.

Mais la connaissance objective n'est finie qu'en tant qu'elle se rapporte au corps comme à son objet immédiat ; elle est infinie seulement dans son rapport à l'idée générale de la connaissance.

LUCIEN.

C'est une conséquence nécessaire.

BRUNO.

Cette idée générale de la connaissance est donc également infinie ?

LUCIEN.

Sans doute.

BRUNO.

Ainsi, la chose rapportée et celle à laquelle elle se rapporte ne font qu'*une* seule et même chose, sans distinction aucune ?

LUCIEN.

Nécessairement.

BRUNO.

C'est ainsi que l'infini vient embrasser l'infini ; et comment penses-tu donc qu'il faille maintenant exprimer cette action de l'infini sur lui-même, et quel terme emploiras-tu ?

LUCIEN.

Le Moi.

BRUNO.

Tu viens d'énoncer l'idée générale avec laquelle le monde s'ouvre comme par enchantement.

LUCIEN.

Certainement le Moi est l'expression la plus sublime de l'acte par lequel le fini se détache du fini.

BRUNO.

Quelles sont, selon toi, les définitions ultérieures de cette idée ?

LUCIEN.

Ce que nous appelons Moi n'est autre chose que l'unité de l'idéal et du réel, du fini et de l'infini ;

mais cette unité n'est à son tour que le fait même du moi. L'acte par lequel ce dernier surgit est en même temps lui-même ; en conséquence, le moi n'est rien indépendamment et en dehors de cet acte ; ou plutôt, il n'est réellement que pour soi et par soi-même. Ainsi, les choses éternelles en soi parviennent à la connaissance objective, où elles sont déterminées par le temps, et cela, parce que la pensée infinie devient dans le fini son propre objet.

BRUNO.

Or, cette *objectification* de la pensée infinie est précisément ce que nous avons appelé l'unité du fini et de l'infini.

LUCIEN.

Nécessairement ; car ce que nous établissons dans la connaissance finie, ou dans les choses, et ce que nous plaçons dans l'idée générale infinie de la connaissance ne font qu'*une* seule et même chose, vue seulement de deux côtés différents ; là objectivement, ici subjectivement.

BRUNO.

Être à la fois subjectif et objectif, infini et fini, forme la base du moi.

LUCIEN.

Sans doute.

BRUNO.

De même aussi les choses finies, ou les phénomènes, ne sont que pour le moi ou par le moi; car elles n'arrivent, selon toi, jusqu'à la connaissance temporelle que par cette *objectification* de l'infini dans le fini.

LUCIEN.

C'est précisément là mon opinion.

BRUNO.

Comme tu le vois, nous sommes parfaitement d'accord : ainsi l'acte le plus sublime par lequel le fini se sépare de son identique, est celui par lequel il rentre dans l'unité, et, en quelque sorte, dans une communauté immédiate avec l'infini. Or, l'un étant fini de sa nature, l'autre, c'est-à-dire l'infini, ne saurait non plus réaliser, dans le premier, que d'une manière finie, la possibilité sans bornes que renferme sa pensée : ainsi ce qui, dans l'un, est modèle infini, vient se réfléter dans l'autre d'une manière finie.

Donc ce qui, dans l'éternel, se trouve dans une unité absolue, la possibilité et la réalité, se sépare dans l'objectif du moi en réalité, dans le subjectif en possibilité ; mais dans le moi lui-même, qui est l'unité du subjectif et de l'objectif, l'Éternel se réfléchit comme la nécessité, qui est l'image permanente de la divine harmonie des choses, et, en quelque sorte, le reflet immobile de l'unité d'où elles proviennent toutes.

LUCIEN.

Je suis parfaitement d'accord avec toi.

BRUNO.

Ne faut-il pas, en conséquence, que toutes les choses reconnues comme finies nous offrent l'expression de l'infini d'où elles émanent, du fini dans lequel elles se reflètent, et enfin de l'éternel où elles ne font qu'*un?* Car nous avons déjà fait voir que ce qui est au premier rang dans l'absolu se trouve nécessairement au troisième dans le reflet.

LUCIEN.

Cette conclusion est inévitable.

BRUNO.

Ainsi, les définitions et les lois des choses finies peuvent être connues immédiatement, sans qu'il soit besoin de sortir de la nature du savoir humain ; car ne sommes-nous point convenus l'un et l'autre que nous ne pouvons appeler *savoir en soi*, la connaissance objective, ni ce que nous lui avons opposé ?

LUCIEN.

Le savoir n'existe que dans l'unité de l'un et de l'autre.

BRUNO.

Nécessairement ; car toute connaissance, outre qu'elle est une connaissance réelle, emporte encore avec soi l'idée générale de cette connaissance même ; donc, celui qui connaît, sait aussi immédiatement qu'il connaît. Ainsi, la connaissance de la connaissance, immédiatement liée à la conscience de la connaissance, ne fait avec elle qu'*une* seule et même chose. En conséquence, toute régression à l'infini devient impossible; car l'idée générale de la connaissance, qu'emporte la connaissance même, est le principe de la conscience, ou l'infini en soi.

Cependant, pour bien définir ces rapports intérieurs si compliqués, il importe de les considérer ici, chacun séparément. Ainsi le *savoir*, selon toi, consiste dans l'unité de la connaissance objective et de l'idée infinie de cette dernière ; mais tu as déjà reconnu que la connaissance objective ne fait, avec la perception, qu'une seule et même chose; de plus, tu as prétendu qu'elle est nécessairement finie, déterminée d'une manière temporelle, et à l'égard de la pensée, essentiellement différente.

Mais il serait à peine possible d'établir un fini simple, ou une différence pure, et, partout où on le rencontre, ce n'est jamais qu'en opposition avec un autre fini.

Donner une complète explication de cet *être*

mystérieux composé de fini et d'infini, n'est possible qu'à *celui* qui sait comment le *tout* est contenu dans le *tout*, et comment aussi la plénitude du *tout* a été déposée dans l'individu.

Ainsi la perception, c'est le fini, l'infini et l'éternel; mais dans son ensemble, elle est subordonnée au fini. Le fini est en elle ce qui appartient à la sensibilité; tandis que l'infini y est l'expression de la conscience. Le premier, en opposition avec le second, y est nécessairement comme différence; le second, en opposition avec le premier, comme indifférence. Le premier est réel, le second est idéal; et enfin le troisième, où l'idéal et le réel, l'indifférence et la différence ne font qu'*un*, est ce qui, dans la perception, imite la nature du réel en soi ou de l'éternel.

Crois-tu maintenant pouvoir opposer à la pensée, cet éternel dans la perception, comme tu viens cependant de le faire?

LUCIEN.

En effet, je ne vois pas trop comment cela est possible.

BRUNO.

Tu as défini la perception comme étant la différence; la pensée, au contraire, comme étant l'indifférence.

LUCIEN.

C'est vrai.

BRUNO.

Cependant, la perception dans la perception n'est ni la différence ni l'indifférence, mais le point où toutes deux ne font qu'*un*. Comment as-tu donc pu opposer la perception à la pensée, et la placer comme étant le seul réel, dans l'unité de l'idéal et du réel?

LUCIEN.

Explique-moi ce mystère, je t'en prie.

BRUNO.

Tu as voulu restreindre l'unité de l'idéal et du réel à un point déterminé, comme je viens de te le prouver, et faire du réel un véritable contraire de l'idéal, tandis que ce contraire reste éternellement idéal, et que le réel, tel que tu le définis, se compose à son tour d'une unité de l'idéal et du réel; en sorte que le réel qui, dans ce contraire, est le réel véritable, représente cette unité même; mais ce qui, en lui, a pour base le contraire de l'idéal et du réel, n'est qu'une définition idéale du réel. Ainsi, tu ne saurais trouver nulle part un réel pur en opposition avec un idéal ; quant à l'acte de la perception en particulier, pour te convaincre qu'à chaque perception, quelle qu'elle soit, tu établis une unité de la pensée et de l'être, tu n'as qu'à te demander à toi-même ce que tu perçois réellement, à la vue d'un triangle, d'un cercle, ou d'une plante? Sans doute, l'idée du triangle, celle du cercle ou celle de la plante; et tu ne perçois jamais autre chose que des idées générales. La raison qui fait que tu nommes perception ce qui, en soi, est une idée ou un mode de la pensée, vient de ce que tu établis une pensée dans un être; mais ce par quoi tu l'établis ne saurait être, à son tour, ni une pensée, ni un être, mais bien ce en quoi on ne peut les distinguer. L'égalité absolue de la pensée et de l'être dans la perception, est la base sur laquelle repose l'évidence de la perception géométrique. Mais, dans toute perception, ce qui perçoit est précisément ce qui n'est susceptible d'avoir aucun contraire ni au général, ni au particulier ; c'est la raison absolue en soi ; et en ne considérant pas ce que le reflet y ajoute dans le fini, ce qui perçoit est encore l'unité pure, la clarté et la perfection suprêmes. Ce qui s'y ajoute dans le reflet, c'est, comme nous l'avons déjà démontré, le contraire relatif de l'infini, qui dans la raison est l'unité, et du fini, qui forme la différence. Le premier, c'est-à-dire l'infini, est, il est vrai, l'expression de l'idée générale ; le second, ou le fini, est celle du jugement. L'un est le positif de la première dimension, l'autre celui de la première et de la seconde.

Ainsi, dans la perception, ce qui est opaque, empirique, ce qui n'est point espace pure, égalité absolue de la pensée et de l'être, est ce qui s'y trouve déterminé par ce contraire relatif. Or, le principe qui subordonne, dans la perception, le fini, l'infini et l'éternel au fini, se trouve uniquement dans le rapport immédiat de l'âme au corps, ce dernier étant une chose individuelle. Car, l'âme et le corps ne faisant qu'*un*; tous deux n'étant séparés de la *totalité* que l'un dans l'autre et l'un par l'autre, il devient tout-à-fait indifférent, par rapport à l'idée infinie, de désigner le corps comme l'être fini, ou comme l'idée de l'être fini; or, l'idée des choses différentes, autres que lui-même, est nécessairement contenue dans l'idée du corps. Ainsi, cette idée, c'est-à-dire l'âme elle-même, en tant qu'elle est l'idée d'une chose individuellement existante, se trouve déterminée par l'idée d'autres choses. De cette manière, l'*indivisible* formé du fini, de l'infini et de l'éternel, est subordonné dans l'âme au fini; et c'est cette perception soumise au temps, nécessairement individuelle, différente d'elle-même, que tu as opposée à la pensée. Mais, comme la perception ainsi-définie, n'est point la vraie perception, qu'elle n'en est, au contraire, qu'un reflet obscur, il s'ensuit que cette unité de la pensée et de la perception que tu viens de poser en principe comme unité suprême, est individuelle, de nature secondaire, et tirée de la seule expérience. Ainsi, il te faudra quitter ce point, dans lequel tu t'étais auparavant retranché, et cesser de restreindre l'unité suprême à la conscience, pour me suivre sur le libre océan de l'absolu, où nous pourrons nous mouvoir avec d'autant plus d'énergie et de liberté que nous serons à même de reconnaître immédiatement la profondeur et la hauteur infinies de la raison.

Il me reste encore à démontrer maintenant, de quelle manière la *trinité* du fini, de l'infini et de l'éternel, soumise dans la perception au fini, dans la pensée à l'infini, se trouve, dans la raison, subordonnée à l'éternel. Ainsi, jamais la perception n'embrasse, à la fois, qu'une partie de l'univers. Mais, l'idée générale de l'âme, toujours vivante par son union immédiate avec cette dernière, est l'idée générale infinie de toutes choses.

La connaissance objective, en se séparant de cette idée générale, détermine le temps, tandis que le rapport de la connaissance finie à l'infinie produit ce que nous nommons *savoir*, qui est, non une connaissance absolue et en dehors du temps, mais une connaissance pour tous les temps. Par ce dernier rapport, la perception, avec ce qui, en elle, est fini, infini et éternel, devient nécessairement infinie et se change, en même temps, en une possibilité infinie de connaître. Or l'infini, posé d'une manière infinie, est, ce que nous nommons idée générale; tandis que le fini, placé sous l'infini, engendre le jugement, de même que l'éternel, posé d'une manière infinie, donne la conclusion.

Or, dans cette sphère, c'est l'infinité qui renferme tout, quoiqu'elle soit une simple infinité de l'entendement. L'idée générale est infinie, le jugement est infini, la conclusion est infinie; car ils s'appliquent à tous les objets et à tous les temps. Mais il est nécessaire de les étudier chacun en particulier.

L'infini dans la perception qui, de nouveau, se trouve posée dans l'idée générale, d'une manière infinie, c'est l'expression de l'idée générale infinie de l'âme qui, avec l'âme elle-même, ne fait qu'*un*; le fini est l'expression de l'âme, en tant que celle-ci est l'idée immédiate du corps, et qu'elle ne fait qu'*un* avec lui; l'éternel est l'expression du point où l'infini et le fini ne font qu'*un*. Or, l'idée infinie de l'âme renferme, comme nous le savons, la possibilité infinie de toutes les perceptions; l'âme, dont l'objet immédiat est le corps, contient la réalité infiniment finie; et le point où toutes deux ne font qu'*un*, exprime la nécessité infinie.

L'idée générale étant l'infini posé d'une manière infinie, devient ainsi, par cette raison, la possibilité infinie de toutes les perceptions différentes en soi; tandis que le jugement, posant infiniment le fini, est ce qui détermine la réalité, d'une manière infinie; la conclusion enfin, posant l'éternel, d'une manière infinie, détermine infiniment la nécessité.

Cependant, l'idée générale elle-même devient à son tour, pour elle-même, idée générale; par conséquent possibilité infinie, non seulement de l'infini, du fini et de l'éternel, mais aussi de l'infini, du fini et de l'éternel subordonnés à l'infini, au fini et à l'éternel; en sorte que ces trois premiers, multipliés par eux-mêmes, et en se pénétrant, déterminent le nombre des idées générales. — Il y a ici un nœud et une sorte de ramification difficiles à débrouiller; cependant, si tu veux en chercher avec moi la solution, j'espère arriver au but.

L'infinité de l'idée n'est qu'une simple infinité de la réflexion; or, le schème de la réflexion, c'est la ligne qui imprime le temps aux choses dans lesquelles elle se trouve exprimée, mais qui, vivante et active, comme dans la connaissance objective, est le temps lui-même.

Ainsi l'infini, le fini et l'éternel étant subordonnés à l'infini, par quelle sorte d'idée crois-tu qu'ils soient exprimés?

LUCIEN.

Nécessairement par des idées de temps, et en voici, je pense, la raison :

La simple possibilité infinie d'un temps renferme l'unité pure; la réalité infiniment finie du temps contient la différence ou la pluralité; la réalité entière du temps, déterminée par la possibilité infinie, c'est la *totalité*.

BRUNO.

Très bien; en sorte que j'ai à peine besoin de

te faire observer que la première de ces idées répond à l'indifférence quantitative, ou à l'idée générale elle-même ; que la seconde, supposant l'indifférence dans la différence, et la *diversité* dans ce qui est *Un*, répondra au jugement ; qu'enfin la troisième, ou la *totalité*, qui se rapporte aux deux premières, de même qu'à l'idée et au jugement, sera la conclusion.

Or, comme l'unité n'est point unité, ni la pluralité pluralité, à moins que celle-là ne soit placée dans celle-ci, et celle-ci dans celle-là, il s'ensuit que le point où elles ne font qu'*un*, et qui, dans la réflexion, ne nous apparaît qu'au troisième rang, est nécessairement le premier principe. Si nous retranchons maintenant le relatif, produit du reflet, nous obtiendrons les idées suprêmes de la raison : l'unité absolue, le contraire absolu et l'unité absolue de l'unité et du contraire, qui est dans la totalité.

Maintenant l'infini, le fini et l'éternel, en tant qu'ils sont subordonnés au fini, engendrent avec ce dernier les idées suivantes :

La possibilité infinie de toute réalité contient, pour la réflexion, la réalité sans bornes ; la réalité du réel renferme la non-réalité absolue, ou la simple limite ; et la réalité du réel, déterminée par la possibilité entière, se trouve dans le point où l'illimité et la limite ne font qu'*un*, et qui, considéré d'une manière absolue, redevient le premier principe, lequel est, dans la perception, l'espace absolu.

Or, il est évident que, si les choses sont principalement déterminées, pour l'idée générale, par les idées de temps, elles le sont surtout, pour le jugement, par les idées d'espace ; mais l'infini et le fini, unis à l'éternel, doivent engendrer chacun des idées doubles, parce que déjà les idées du fini et de l'infini sont réunies dans la nature de l'éternel, et de manière que, toujours, l'une des deux idées participe de la nature du fini, et l'autre de celle de l'infini. Ainsi, dans l'infini, la forme de l'éternel s'exprime par deux idées, dont l'une redevient dans le reflet, la possibilité, et l'autre, la réalité;

mais qui, étant réunies comme elles le sont, engendrent la nécessité.

Nous nommons ces idées, substance et accident. Or, dans le fini ou la réalité, l'éternel se reflète par les idées de la cause et de l'effet, dont la première, dans le reflet, est la simple possibilité de l'effet, tandis que la seconde en est la réalité. Toutes deux réunies forment la nécessité.

Mais entre la possibilité et la réalité vient se placer le temps; et ce n'est qu'en vertu de cette idée que les choses durent.

Enfin, dans la nécessité, l'éternel s'exprime encore par l'idée de la loi universelle qui préside à la vicissitude des choses, et c'est ici la totalité la plus haute que puisse embrasser la réflexion. Comme nous venons de démontrer clairement que l'infini, le fini et l'éternel prennent la forme de l'espace, lorsqu'ils sont subordonnés au fini ou à la différence, et celles du temps, quand ils le sont à l'infini ou à l'unité relative, il est évident alors que cette même unité, considérée sous la forme de l'éternel, est la raison elle-même, et qu'elle s'exprime dans l'idée générale, par la raison. Ceci démontre en même temps l'unité et la différence des trois sciences : arithmétique, géométrie et philosophie. Ce serait un travail parfaitement inutile que d'entrer dans de plus amples explications sur l'organisme de la raison, telle qu'elle se réfléchit dans le jugement, lequel est le même que dans l'idée, avec la différence que nous avons établie déjà entre le jugement et l'idée générale. Quant à la conclusion qui pose l'éternel, d'une manière infinie, il nous suffit de remarquer que, réunissant en elle la possibilité, la réalité et la nécessité, toute différence ultérieure se borne à ce que l'unité de ces trois dernières, qui se retrouvent dans chaque conclusion, s'exprime sous la forme de l'infini, sous celle du fini, ou sous celle de l'éternel.

La forme infinie est la forme catégorique, la forme finie est l'hypothétique ; quant à celle qui tient le plus de la nature de l'éternel, c'est la disjonctive. Mais, dans chaque conclusion, quelle que soit d'ailleurs la différence, la majeure est toujours, par rapport à la mineure, catégorique ou infinie, la mineure hypothétique et finie.

Enfin, la conclusion est disjonctive et réunit en soi la première aussi bien que la seconde.

LUCIEN.

O forme admirable de l'entendement! Quel plaisir on éprouve à approfondir tes secrets rapports, et à reconnaître l'image de l'éternel toujours la même dans la structure des choses corporelles, comme dans la forme de la conclusion! Le philosophe se perd dans ta contemplation, après avoir reconnu en toi l'image de l'Etre suprême et bienheureux. C'est dans ce reflet que se meuvent les astres, et que les corps célestes parcourent la carrière qui leur a été tracée. Ainsi, en Lui existent toutes les choses, de même que leurs phénomènes, et cela nécessairement. La raison de cette nécessité réside dans leur nature véritable, dont le secret ne se trouve que dans l'*absolu*, et dans l'intelligence de l'homme qui connaît Dieu.

BRUNO.

Mais, pour arriver à la connaissance des principes des choses qui sont en Dieu et qui déterminent les phénomènes, il est par-dessus tout important de savoir ce qui appartient au reflet, afin de ne pas tomber dans l'erreur que commettent ceux qui philosophant au hasard, rejettent certaines choses du monde sensible, pour en adopter d'autres comme vraies, ce qui est défigurer tout à la fois, et l'Etre divin, et la philosophie. Car, outre l'absolu, dont ils n'ont point nettement reconnu la nature, ils admettent encore un grand nombre d'autres principes, suivant qu'ils en ont besoin, pour pouvoir établir leur prétendue philosophie, en confondant ce qui n'est vrai que pour le monde des phénomènes, avec ce qui n'a de vérité que par rapport à Dieu.

Quelques uns descendent même au-dessous du monde des phénomènes, et admettent une matière à laquelle ils donnent la forme de la *dissolution* et de la *variété* infinie.

Mais, absolument parlant, ou par rapport à la nature divine, il n'existe rien en dehors d'elle-même, ou de ce par quoi elle est parfaite, c'est-à-dire rien en dehors de l'*unité* absolue de l'unité et du contraire ; donc, en admettant le contraire ainsi que l'unité, l'un étant absolument égal à l'autre sans aucun temps, il s'ensuit que, nulle part, il n'y a ni séparation ni reflet par rapport à cette unité absolue.

D'autres définissent aussi le monde des phénomènes, comme étant opposé à la nature divine, tandis que par rapport à elle il n'est absolument rien. Car ce que nous appelons le monde des phénomènes est loin d'être ce fini qui, dans l'idée, se lie à l'infini, d'une manière tout-à-fait inappréciable aux sens ; il n'est au contraire que le simple reflet de ce même fini, tel que ce dernier existe dans l'idée ; car, outre les choses appréciables, l'idée de *ce qui* fut destiné à reconnaître l'univers dans son image visible, se trouve aussi contenue d'une manière éternelle dans l'univers en soi ; il suit de là que l'idée précède le monde des phénomènes, sans jamais le devancer dans le temps ; de même que nous voyons la lumière universelle précéder les choses qu'elle éclaire, non selon le temps, mais d'après sa propre nature, et qui, reflétée par un nombre infini de choses et toujours conformément à l'essence particulière de chacune, n'en devient pas diverse pour cela, mais rassemble en elle tous ces reflets, sans perdre rien de sa clarté. Ainsi, le monde véritable n'est point celui que l'individu se représente dans le reflet, et dont il tire l'idée de ce qui est au dessus de lui; mais bien ce ciel de feu toujours immuable, centre des divines harmonies, planant au-dessus de toutes les choses et les enveloppant toutes. Ainsi, cher ami, nous sommes jusqu'ici parvenus à démontrer comment le fini, l'infini et l'éternel se trouvent subordonnés au fini dans la perception, et à l'infini dans la pensée.

Cependant, du rapport de la connaissance objective, à l'infinie, résultent toutes ces idées par lesquelles les choses sont universellement et nécessairement déterminées, et qui, en conséquence, semblent précéder les objets. Mais je croirais difficilement que tu regardes ces mêmes choses comme déterminées indépendamment de ces idées.

LUCIEN.

Jamais.

BRUNO.

Puisqu'elles ne sauraient être séparées de ces définitions, elles ne sont donc rien en dehors de ces idées.

LUCIEN.

Absolument rien.

BRUNO.

Comment as-tu nommé cette unité de la connaissance objective et de l'idée générale infinie de cette même connaissance ?

LUCIEN.

Savoir.

BRUNO.

Ainsi, ces choses ne sont rien non plus, indépendamment de ce *savoir* ?

LUCIEN.

Absolument rien. Elles ne naissent que pour ce *savoir*, et sont elles-mêmes ce *savoir*.

BRUNO.

Très bien ; tu vois que nous sommes d'accord

sur tous les points. Donc, le monde des phénomènes, considéré en soi et pour soi, se trouve tout entier dans la sphère de la science.

LUCIEN.

Il en est véritablement ainsi.

BRUNO.

Mais, dans la sphère de quelle science ? de celle qui est réelle, ou de celle qui n'est qu'apparente ?

LUCIEN.

Nécessairement dans la sphère de cette dernière, s'il est vrai de dire, en général, que l'opposition de la connaissance finie et de l'infinie, de même que leur identité, appartient au phénomène.

BRUNO.

Tu ne saurais en douter, d'après ce que nous avons dit jusqu'alors. Ainsi, dans toute cette sphère de la science que nous venons de décrire, et qui naît dans la connaissance par le rapport du fini, de l'infini et de l'éternel à l'infini, il y a encore une sorte de connaissance tout-à-fait secondaire, que nous nommerons la connaissance de la réflexion ou de l'entendement.

LUCIEN.

J'y consens.

BRUNO.

Ne serons-nous pas forcés aussi de regarder la connaissance par conclusion, non comme une vraie connaissance de la raison, mais bien plutôt comme une simple connaissance de l'entendement?

LUCIEN.

Vraisemblablement comme appartenant à ce dernier.

BRUNO.

Il ne saurait en être autrement; car, tout en plaçant l'indifférence dans l'idée; la différence dans le jugement, puis dans la conclusion; l'unité des deux, cette unité n'en reste pas moins subordonnée à l'entendement. En effet, s'il est vrai que la raison se trouve en tout, elle est néanmoins subordonnée à la perception, dans la perception, et à l'entendement, dans l'entendement; et si, dans la raison, l'entendement et la perception ne font absolument qu'*un*, il s'ensuit que nous avons dans la conclusion ce qui, dans la majeure, répond à l'entendement, et ce qui, dans la mineure, répond à la perception. Là, le général, ici, le particulier; mais divisés pour l'entendement, et ne se trouvant réunis dans la conclusion que pour ce dernier.

La plus grande de toutes les erreurs est donc de prendre cette raison entièrement subordonnée à l'entendement, pour la raison elle-même.

LUCIEN.

Sans doute.

BRUNO.

La doctrine qui soumet le *tout* et la raison à l'entendement, a reçu de nos devanciers le nom de logique. La logique donc, en suivant cet usage, ne devra, selon nous, être considérée que comme une simple science de l'entendement.

LUCIEN.

Nécessairement.

BRUNO.

Quel espoir d'arriver à la philosophie pour celui qui la cherche dans la logique?

LUCIEN.

Aucun.

BRUNO.

La science de l'éternel qui s'acquerra par cette sorte de connaissance, sera et restera toujours simple connaissance de l'entendement.

LUCIEN.

Il est vrai.

BRUNO.

De même que, dans les trois formes de la conclusion, l'absolu de la forme se partage en un infini, un fini et un éternel de l'entendement, de même, l'absolu de la matière se divise dans les conclusions de cette raison secondaire, soumise à l'entendement, en trois choses : l'âme, le monde et Dieu, qui, tous trois séparés l'un de l'autre, chacun à part, représentent pour l'entendement l'analyse la plus haute de ce qui, dans l'absolu, ne fait absolument qu'*Un*

En conséquence, nous disons de tous ceux qui cherchent la philosophie dans cette espèce de connaissance, et qui prétendent prouver, par cette voie, l'existence de l'absolu ; qu'ils n'ont point encore franchi le seuil de la porte qui mène à la vraie philosophie.

LUCIEN.

C'est juste.

BRUNO.

Comme la plupart des philosophes qui nous ont précédés, et presque tous ceux qui usurpent maintenant ce titre, nous ont donné, au lieu de la raison, ce qui appartient encore à la sphère de l'entendement, nous avons, dans la connaissance suprême, choisi un point qui leur est inaccessible : aussi les rangerons-nous dans la catégorie de ceux qui aperçoivent le fini et l'infini dans l'éternel, mais qui ne sauraient voir ce dernier, dans le fini ou l'infini.

LUCIEN.

Cette démonstration me paraît complète.

BRUNO.

Mais, suffit-il à cette connaissance suprême de ne regarder en général le fini que comme idéal, l'idée n'étant autre chose que l'infini même ; ou ne consiste-t-elle pas plutôt à ne rien admettre en dehors de l'éternel, et à voir le fini en soi, aussi peu dans l'idéal que dans la réalité?

LUCIEN.

C'est une conséquence nécessaire.

BRUNO.

Ainsi, selon nous, un idéalisme qui n'est idéalisme que par rapport au fini, méritera-t-il de prendre partout le nom de philosophie?

LUCIEN.

Je ne le crois pas.

BRUNO.

Mais en général, une connaissance quelconque peut-elle être considérée comme absolument vraie, quand elle n'est point celle qui détermine les choses, telles qu'elles se trouvent posées dans cette indifférence suprême de l'idéal et du réel?

LUCIEN.

Impossible.

BRUNO.

Ainsi, cher ami, ce que nous appelons réel dans les choses, n'est réel que par sa participation à l'essence absolue ; - or, aucune des images ne représente la réalité et l'indifférence parfaite, excepté une seule, où tout parvient à l'égale unité de la pensée et de l'être, comme dans l'absolu ; et cette image *Une*, c'est la raison qui, ayant la conscience d'elle-même, plaçant partout et d'une manière absolue, cette indifférence qui est en elle comme matière et comme forme de toutes choses, reconnaît seule et immédiatement l'essence divine. Donc, jamais celui qui s'attache au reflet n'arrivera à la perception de son immuable unité.

En effet, le père céleste de toutes choses, des dieux et des hommes, vit dans une éternelle félicité en dehors de toute contradiction, et se renferme dans son inviolable unité, comme dans un fort inaccessible.

Mais il n'y a que celui qui participerait plus ou moins de la nature divine qui pourrait, en quelque sorte, avoir le sentiment de cette même nature, qui, en soi, n'est ni pensée ni être, mais l'unité des deux.

Néanmoins, ce secret intime de l'essence suprême, qui consiste à ne renfermer en soi rien d'une pensée ni d'un être, mais à en former l'unité qui est au-dessus de l'un et de l'autre, sans que l'un et l'autre lui fassent rien perdre de sa pureté; ce mystère, dis-je, se révèle dans la nature même des choses finies; car, dans le reflet, la forme se divise en idéal et en réel; non point que celui-ci ait été auparavant dans celui-là, mais afin que l'on reconnaisse ce qui est la simple unité des deux, sans être ni l'un ni l'autre. Ainsi, reconnaître l'éternel, c'est ne voir dans les choses, l'être et la pensée réunis que par son essence, sans établir jamais que l'idée est l'effet de la chose, ou la chose l'effet de l'idée, ce qui serait s'éloigner le plus de la vérité. Car la chose et l'idée n'existent point par l'enchaînement de la cause et de l'effet, mais par l'absolu *Un*, ou plutôt, sous le point de vue de la vérité, elles ne sont que les côtés différents d'un seul et même principe; car rien n'existe qui ne soit exprimé dans l'éternel, d'une manière tout à la fois finie et infinie.

Cependant, il est difficile d'exprimer dans un

langage mortel la nature de cet éternel en soi ; car la parole humaine est tirée des images des choses et produite par l'entendement. Or, si nous avons paru nommer avec raison ce qui n'a point de contraire au-dessus de soi ou en soi, mais au-dessous de soi, l'*Être Un*, ce qui Est, cet Être, néanmoins, n'implique point de contraire en soi à l'égard de ce qui, sous tout autre rapport, est regardé comme le formel de l'être, ou la connaissance; car la nature de l'absolu veut aussi que la forme soit en lui l'essence, et l'essence la forme; parce que la raison étant la connaissance absolue, doit exprimer l'absolu, non seulement selon la forme, mais aussi d'après l'essence. Ainsi, par rapport à l'absolu, il ne reste point d'*Être* que l'on puisse opposer à une connaissance. Si, au contraire, nous voulions définir l'absolu la connaissance absolue, nous ne pourrions plus le faire en opposant cette connaissance absolue à l'être, car l'être véritable considéré en soi, n'est que l'idée ; or l'idée, à son tour, est aussi la substance et l'être lui-même.

Comme indifférence de la connaissance et de

l'être, l'absolu ne saurait de nouveau se définir que par rapport à la raison, parce que, seulement dans celle-ci, la connaissance et l'être se trouvent opposés l'un à l'autre.

Toutefois, on s'éloignerait entièrement de l'idée de l'absolu, si, pour ne point définir la nature de celui-ci par l'être, on voulait la représenter par l'idée générale de l'activité; car tout contraire d'activité et d'être n'existe que dans le monde reflété, puisqu'à part l'éternel en soi, on n'aperçoit l'unité intime de l'essence de l'absolu, que dans le fini ou dans l'infini, mais dans l'un et l'autre nécessairement d'une égale manière, afin que l'unité naisse comme univers dans le reflet, par la réunion du monde fini et du monde infini.

Mais l'absolu ne peut se refléter dans le fini ni dans l'infini, sans exprimer dans chacun toute la perfection de son essence, et sans que l'unité du fini et de l'infini, reflétée dans le fini, n'y apparaisse comme être; tandis que dans l'infini, au contraire, elle se révèle comme activité; dans l'absolu elle n'est ni l'un ni l'autre, et n'y paraît point sous la forme du fini ou de l'infini, mais sous celle de l'éternité. Car dans l'absolu tout est absolu; ainsi, quand la perfection de son essence nous apparaît dans le réel, comme être infini; dans l'idéal, comme connaissance infinie, il est évident que l'être, comme la connaissance, se trouve d'une manière absolue dans l'absolu lui-même; et chacun d'eux étant absolu, nul n'a dans l'autre de contraire en dehors de soi; c'est-à-dire que la connaissance absolue est l'essence absolue, et l'essence absolue la connaissance absolue.

L'immensité de l'essence éternelle se réfléchissant d'une égale manière dans le fini et dans l'infini, il est nécessaire que les deux mondes où le phénomène se sépare et se développe, ne faisant qu'un monde unique, contiennent aussi la même chose, et que ce qui est dans le fini ou dans l'être, se trouve également exprimé dans l'infini ou dans l'activité.

Ainsi, ce que nous voyons s'exprimer dans le monde réel ou naturel par la pesanteur, et dans le monde idéal par la perception, ou ce qui, dans les choses, en vertu de la séparation du général et du particulier, devient unité relative, ce qui, enfin, dans la pensée, apparaît comme idée et comme déterminant le jugement, tout cela n'est qu'une seule et même chose. L'idéal, comme tel, n'est point cause déterminante dans le réel, ni celui-ci dans l'idéal ; nul n'a de valeur, ni de préférence sur l'autre ; l'un n'explique pas non plus l'autre ; car ils ne s'élèvent ni l'un ni l'autre à la hauteur d'un principe ; et ils ne sont tous deux la connaissance, comme l'être, que les reflets différents du même et unique absolu.

Or, véritablement ou en soi, l'unité qui sert de base au contraire du général et du particulier dans les choses, ainsi qu'à ce même contraire dans la connaissance, n'est ni l'être, ni la connaissance, en tant qu'on oppose ces deux derniers l'un à l'autre.

En conséquence, partout où, dans l'un des deux, on arrive à l'égalité absolue des contraires opposés, que ce soit dans le réel ou dans l'idéal, l'indifférence de la connaissance et de l'être, de la forme et de l'essence se trouve aussi immédiatement exprimée dans le réel, comme dans l'idéal lui-même. Reflétée dans l'idéal ou dans la pensée, cette éternelle unité du fini et de l'infini paraît étendue dans le temps sans commencement comme sans fin; dans le réel ou dans le fini, elle se présente nécessairement et immédiatement comme unité complète, c'est l'espace; quoique, dans le réel, seulement elle nous apparaisse comme unité suprême de la connaissance et de l'être. Car, si d'un côté l'espace nous apparaît comme la clarté et le repos absolu, comme l'être-suprême, qui est en soi-même son propre principe, formant un tout parfait, sans jamais agir, ni sortir hors de soi; de l'autre, il est aussi, en même temps, la perceptibilité absolue et la plus haute idéalité; et, soit que l'on considère le subjectif ou l'objectif dont le contraire disparaît complétement par rapport à lui, il se montre toujours comme la suprême indifférence de l'activité et de l'être. Mais du reste, l'activité et l'être sont en toute chose comme l'âme et le corps; c'est pourquoi, aussi, la connaissance absolue, quoiqu'elle soit éternellement en Dieu, et Dieu lui-même, ne saurait, cependant, être activité; car, l'âme et le corps, l'activité ainsi que l'être, sont les formes mêmes de Dieu, qui ne sont point en lui, mais au-dessous de lui; et de même que l'essence de l'absolu, reflétée dans l'être, forme le corps infini, de même aussi elle produit par son reflet dans la pensée, ou dans l'activité, la connaissance infinie, l'âme infinie du monde; mais dans l'absolu, l'activité ne peut se comporter comme activité, ni l'être comme être.

Celui donc qui trouverait une expression pour désigner une activité aussi calme que le repos le plus profond, et pour marquer un repos aussi actif que l'activité la plus grande, définirait en quelque sorte la nature de Dieu.

Mais il ne suffit point de connaître le fini, l'infini et l'éternel dans le réel, aussi bien que dans l'idéal; jamais on n'apercevra la vérité *en soi* que dans l'éternel. Or, en séparant le monde qui représente l'essence entière de l'absolu dans le fini, du monde qui est l'expression de cette même essence dans l'infini, nous séparons par là même le principe divin, du principe naturel des choses; car ce dernier nous apparaît comme passif, et le premier comme actif. C'est pourquoi la matière, à cause de sa nature passive et impressionnable, appartient au principe naturel, tandis que la lumière, par sa nature créatrice et active, semble se rapporter au principe divin.

Mais l'individu lui-même, qui, dans le monde soumis au fini, ou même dans le monde de l'infini, exprime par son mode d'être, de la manière la plus immédiate, la nature de l'absolu, ne saurait, non plus que celui-ci, se comprendre comme être simple ou comme simple activité.

Lorsque l'âme et le corps sont identiques dans une chose, seulement alors il y a dans cette chose une image de l'idée, et cette idée étant dans l'absolu, l'être aussi bien que l'essence; la forme dans la chose, c'est-à-dire dans l'image, se trouve être la substance, et la substance la forme.

De cette manière peuvent s'expliquer l'organisme dans les choses réelles, et dans les choses idéales, les beaux produits de l'art : car l'organisme unit à la matière, c'est-à-dire au principe naturel, la lumière ou l'idée éternelle exprimée dans le fini comme principe divin, tandis que les beaux produits de l'art communiquent à leur tour, à cette même matière, en tant qu'elle est principe naturel, la lumière de cette lumière ou l'idée éternelle exprimée dans l'infini comme principe divin.

Seulement l'organisme apparaissant nécessairement comme une chose individuelle, a toujours avec l'unité absolue le même rapport que les corps pesants, c'est-à-dire le rapport de la différence. Ainsi, dans la forme, l'activité et l'être sont, il est vrai, toujours identiques (en sorte que l'actif y est aussi le passif, et *vice versa*), mais en tant que l'organisme est individuel, l'identité ne vient point de lui, mais est produite par l'unité à laquelle il se rapporte pour soi comme à sa base. C'est pourquoi il ne saurait y avoir en lui, en même temps, ni extrême activité, ni repos absolu; mais l'un et l'autre s'y trouvent réunis comme dans un moyen terme formé à la fois de repos et d'activité. Or, le monde dans lequel l'être semble provenir de l'activité, et le fini de l'infini, monde que l'on considère en quelque sorte comme la cité de Dieu, construite par les mains de la liberté elle-même, se trouve en opposition avec la nature, où l'activité naît plutôt de l'être, et l'infini, du fini.

Par cette opposition, les hommes ont appris à voir la nature en dehors de Dieu, et Dieu en dehors de la nature; mais en soustrayant celle-ci à la nécessité sainte, pour la subordonner à la nécessité impie qu'ils nomment mécanisme, ils ont aussi, par cela seul, fait du monde idéal le théâtre d'une liberté sans frein comme sans lois.

En ne faisant de la nature qu'un être purement passif, ils crurent aussi avoir le droit de ne voir en Dieu, après l'avoir élevé au-dessus de cette dernière, qu'un simple esprit, qu'une pure activité, comme si ces deux idées, esprit et matière, n'étaient point identiques, nulle n'étant vraie sans l'autre.

Si on leur dit que la nature n'est point en dehors de Dieu, mais en Dieu, ils entendent toujours par là cette même nature, qu'ils ont tuée en la séparant de l'Éternel, comme si elle était quelque chose en soi, et en général autre chose que leur propre ouvrage. Or, la partie naturelle du monde, séparée de l'unité, n'existe pas plus en soi que la partie libre ; car toutes deux ne font qu'*une* seule et même chose, ou plutôt ne sont nullement divisées. Il est impossible, en effet, de supposer dans le principe où l'une et l'autre ne font qu'*un*, qu'elles puissent exister par le principe en vertu duquel elles se trouvent en dehors du premier, l'une par la nécessité, l'autre par la liberté. Ainsi la puissance suprême, ou le vrai Dieu, est celui hors duquel la nature n'est point, de même que la véritable nature est celle hors de laquelle Dieu n'existe pas.

Reconnaître immédiatement avec les yeux de l'âme cette unité sainte de Dieu et de la nature laquelle, sur cette terre, se révèle surtout dans l'adversité, c'est comme l'initiation à la félicité suprême qui ne se rencontre que dans la contemplation de l'Etre infiniment parfait.

Maintenant je crois avoir rempli la promesse que je vous avais faite, de chercher à découvrir, autant qu'il serait en mon pouvoir, la base de la véritable philosophie, en vous montrant, sous différentes faces, toujours la même unité qui est l'objet de la philosophie.

C'est à vous qu'il appartient désormais de rechercher la manière de construire sur cette base, ainsi que les moyens de faire arriver jusqu'à son entier développement le germe divin de la philosophie, et de donner ensuite à une telle doctrine la forme que vous jugerez la plus convenable.

ANSELME.

Il me semble, cher ami, que la forme mérite de notre part l'attention la plus sérieuse; car ce qui élève l'art et la science au véritable rang de science et d'art, ce qui les distingue de ce qui n'est que le produit de la fantaisie, ce n'est pas seulement la connaissance générale de la vérité suprême, mais aussi la manière de l'exposer, à l'exemple de la nature même, en traits ineffaçables, avec force et clarté.

On peut dire, en particulier, que la matière la plus noble et la plus sublime dont se compose la philosophie, ne sera point à l'abri de la destruction, tant qu'elle n'aura pas revêtu les formes immortelles. Peut-être a-t-il fallu que les formes moins parfaites disparussent, afin que la pure essence qui leur était unie, après s'en être débarrassée, et s'être mélangée à des matières hétérogènes, se volatilisât ensuite, et devînt entièrement méconnaissable pour arriver de là à des formes plus durables.

Mais il me semble que la matière philosophique n'a jamais été plus sujette à la vicissitude qu'au temps où nous vivons, que dans ce siècle, où tous les esprits gravitent vers l'Impérissable.

Pendant que quelques uns ont trouvé cette matière précieuse dans le Simple et l'Inséparable, elle s'est liquéfiée dans les mains de quelques autres; tandis que pour ceux-ci elle se changeait en sable aride, pour ceux-là elle devenait de plus en plus légère, transparente et en quelque sorte gazeuse. C'est pourquoi il ne faut pas s'étonner que la plupart des hommes ne voient dans la philosophie que des météores, et que même les formes grandioses dans lesquelles elle s'est révélée partagent, aux yeux du peuple, le sort des comètes, puisqu'il ne les met point au nombre des ouvrages éternels de la nature, mais qu'il les assimile à ces phénomènes passagers, produits par des vapeurs lumineuses. De là, la croyance communément établie, qu'il peut y avoir différentes philosophies, et que même chaque soi-disant philosophe doit avoir son système particulier. Mais tous, ils tombent écrasés sous les coups irrésistibles du temps, tous ils sont soudés à la même chaîne de bronze, et les anneaux de cette chaîne déterminent le nombre de leurs pas ; ceux qui cherchent à s'en écarter le plus, sont ceux-là même qui font la plus lourde chute. A bien prendre la chose, ils sont tous attaqués du même mal, c'est-à-dire qu'ils n'ont qu'une sorte de connaissance ou de méthode, celle qui conclut de l'effet à la cause ; après avoir simplement jugé la raison subordonnée à l'entendement, ils croient avoir prouvé que la raison *en soi* ne conduit inévitablement qu'à de fausses conséquences, en nous égarant dans de vaines contradictions ; alors, dans l'effroi que leur cause la raison, ils se croient autorisés à faire eux-mêmes ce qu'ils nomment la philosophie. Quelquefois, il est vrai, ils ont bien la velléité de franchir les bornes qu'ils se sont posées ; mais alors ils ne redoutent rien tant que l'absolu, que la connaissance catégorique et apodictique. Ils ne sauraient faire un pas sans partir du fini, concluant au hasard, sans s'inquiéter s'ils arriveront à quelque chose qui puisse être en soi et par soi-même. S'ils établissent un principe absolu, c'est toujours et nécessairement avec un contraire, afin qu'il cesse d'être absolu ; tandis qu'entre celui-ci et le contraire, il ne saurait jamais y avoir d'autre rapport que celui de la cause et de l'effet, et c'est ainsi que, sous toutes les formes, se retrouve sans cesse la même méthode, la même tendance à repousser l'unité de ce qu'ils ont séparé dans leur entendement, et à donner pour toute philosophie, l'invincible dualisme de leur propre nature. Ceci, néanmoins, ne regarde que la plèbe des philosophes actuels.

Mais, ce que notre âge même a produit de plus remarquable, ce qui est encore considéré comme le point culminant en philosophie, s'est transformé en une pure négation, dans l'exposition et la fausse manière de voir du grand nombre. Ils expliqueraient parfaitement le fini par la forme, si l'éternel ne leur refusait opiniatrément la matière. Leur philosophie consiste à prouver que ce qui n'est rien, le monde sensible, n'est effectivement rien; et c'est seulement cette philosophie catégorique en face du néant, qu'ils nomment idéalisme.

Quant aux formes grandes et véritables, elles sont plus ou moins disparues. L'essence de la philosophie est de la nature de l'indissoluble, et, dans une forme, il n'y a rien de vrai et de juste, qu'autant que celle-ci participe de cette indissolubilité. Cependant, de même que le centre de gravité de la terre peut être vu de quatre points différents, et que la matière première se représente par quatre métaux également nobles, également indivisibles, de même cette indissolubilité de la raison s'est principalement exprimé sous quatre formes qui désignent, en quelque sorte, les quatre parties du monde philosophique. A l'occident semble appartenir, selon nous, le matérialisme ; à l'orient l'intellectualisme ; au midi le réalisme ; et l'idéalisme au nord. Reconnaître dans toute sa pureté cette matière *Une* de la philosophie, qui partout est la même, sera toujours le but des plus nobles recherches.

L'étude de ces formes particulières et de leur histoire ne paraîtra point sans importance à celui qui veut s'élever au-dessus d'elles, et ne pourra être qu'agréable à celui qui, déjà, s'est placé dans une sphère supérieure. En conséquence, je serais d'avis, avec votre agrément toutefois, qu'Alexandre nous fît l'histoire de cette philosophie qui voit, dans la matière, le principe éternel et divin ; je prendrais ensuite la parole pour vous faire connaître l'essence de la doctrine du monde intellectuel ; puis enfin Lucien, et après lui Bruno, expliqueraient les contraires de l'idéalisme et du réalisme.

Car, pour terminer l'édifice que nous venons de construire, nous poserons la clé de voûte en démontrant de quelle manière l'idée *une*, que nous avons été enseignés à chercher et à reconnaître avant tout, a servi de fondement à toutes les formes, comme à toutes les manifestations diverses par lesquelles la raison s'est personnifiée dans la philosophie.

ALEXANDRE.

Quant à l'histoire et aux vicissitudes de cette doctrine qui a tiré son nom de la matière, je vous dirai, en peu de mots, qu'elles ne sont point différentes de celles qu'ont éprouvées, dans le cours des âges, toutes les autres doctrines spéculatives, et qu'elle aussi, n'a trouvé sa ruine que dans la décadence de la philosophie elle-même. Car ce que les anciens nous ont transmis sur le sens de cette doctrine est plus que suffisant pour nous apprendre qu'elle a renfermé les germes, plus ou moins développés, de la plus haute spéculation.

Mais la véritable idée de la matière s'est perdue de bonne heure, et n'a été connue à toutes les époques que d'un très petit nombre d'esprits supérieurs.

Elle est l'unité du principe naturel et divin lui-même, par conséquent simple en soi, immuable, éternelle. Les philosophes des siècles ultérieurs, et déjà Platon lui-même, n'entendaient par matière que le simple sujet des choses naturelles et variables ; or, ce sujet n'étant absolument rien en soi, il n'a jamais été possible de pouvoir en faire un principe. Donc, l'unité *une* qui domine tous les contraires, et dans laquelle seulement le divin et le naturel des choses se distinguent pour se faire opposition, est assurément ce que les auteurs de cette doctrine ont appelé matière. Dans les temps plus rapprochés de nous, on a même été jusqu'à confondre la matière avec le corps, en mêlant ce qui, par sa nature, est destructible et périssable avec l'impérissable et l'indestructible.

Les choses en étant venues à ce point, on ne fit aucune difficulté de regarder la masse brute et inorganique comme la véritable matière première. Or, l'idée de la matière n'est point là où l'organique et l'inorganique se trouvent déjà séparés; mais là où, réunis, ils ne font qu'*un*, point qui ne saurait s'apercevoir avec les yeux du corps, mais seulement avec ceux de la raison.

La manière dont toutes choses sont sorties de cette unité peut s'expliquer ainsi :

La matière est en soi sans variété aucune; elle renferme toutes choses; mais, par cette raison même, sans nulle distinction, sans les séparer aucunement, en quelque sorte, comme une possibilité infinie, complète en soi. Ce par quoi toutes choses ne font qu'*un*, c'est la matière elle-même; ce par quoi elles diffèrent et se séparent individuellement les unes des autres, c'est la forme. Or, les formes sont toutes périssables; une seule est éternelle avec la matière en soi, c'est la forme de toutes les formes, la forme première et nécessaire, qui, par sa nature même, ne saurait ressembler à aucune en particulier, mais doit être simple, infinie, immuable, et ainsi parfaitement égale à la matière. Or, comme elle n'exclut d'elle aucune forme, elle est, par là même, d'une fécondité infinie; la matière, au contraire, est stérile en soi. C'est ainsi que les anciens ayant fait naître Éros de l'union de la richesse avec la pauvreté, laissèrent à celui-ci le soin de former le monde pour indiquer par là ce rapport de la matière à la forme première; celle-ci trouve donc dans la matière la possibilité infinie de toutes les formes, comme de toutes les figures; la matière, à son tour, parfaite comme elle l'est dans sa stérilité, suffit également à toutes les formes, et comme, par rapport à l'absolu, la possibilité et la réalité ne font qu'*un* en dehors de tous les temps, il s'ensuit que toutes ces formes se trouvent, de toute éternité, exprimées dans la matière, et qu'à l'égard de cette dernière, elles y sont d'une manière réelle en tout temps, ou plutôt sans aucun temps. Ainsi par la forme de toutes les formes, l'absolu peut être tout; par l'essence il est tout. Les choses finies, comme telles, sont, il est vrai, en tout temps ce qu'elles peuvent être dans le moment même, mais non ce qu'elles pourraient être d'après leur essence; car l'essence est toujours infinie dans tout. C'est pourquoi les choses finies sont celles dans lesquelles la forme et l'essence diffèrent, la première étant finie, la seconde infinie. Or, l'absolu où l'essence et la forme ne font absolument qu'*un*, est toujours, à la fois, ce qu'il peut être, sans différence de temps; donc il ne peut y en avoir qu'*un* seul.

Par cette même différence, l'existence des choses individuelles devient temporelle; car une partie de leur nature étant infinie et l'autre finie, la première contient, il est vrai, la possibilité infinie de tout ce qui est virtuellement dans leur substance; mais la seconde ne renferme nécessairement et jamais qu'une partie de cette possibilité, afin que la forme y diffère de l'essence; ainsi, le fini dans les choses ne saurait être conforme à l'essence que dans l'infinité. Or, cet infini fini, c'est le temps, dont l'infini de la chose contient la possibilité et le principe, tandis que le fini représente la réalité. C'est de cette manière que l'absolu étant en soi une unité absolue infiniment simple, sans aucune pluralité, passe dans le phénomène comme unité absolue de la pluralité, comme totalité intégrale, et c'est ce que nous nommons univers. C'est ainsi que l'universalité devient unité, et l'unité universalité, sans différer l'une de l'autre et ne faisant qu'une seule et même chose.

Mais, dans la crainte que quelqu'un ne soit tenté de prendre pour l'âme opposée à la matière, en tant que celle-ci est le corps, cette forme de toutes les formes, que nous pourrions en tout cas et à l'exemple de bien d'autres, nommer la vie et l'âme du monde, je ferai d'abord observer que la matière n'est point le corps, mais bien la chose où l'âme et le corps existent; car le corps est nécessairement mortel et périssable, tandis que l'essence est immortelle et impérissable. Or, cette forme des formes considérée d'une manière absolue, n'est point opposée à la matière; mais elle ne fait qu'*un* avec elle. Seulement, par rapport à l'individu, comme celui-ci n'est jamais entièrement ce qu'il peut être, elle forme nécessairement et toujours un *contraire*, qui est celui de l'infini et du fini, absolument le même que celui de l'âme et du corps.

Ainsi, l'âme et le corps sont compris dans cette forme de toutes les formes ; or, cette dernière qui, par sa simplicité, est tout, et qui, parce qu'elle est tout, ne peut être rien en particulier, ne fait absolument qu'*Un* avec l'Essence. Donc l'âme, comme âme objective, est par là même subordonnée à la matière, mais opposée au corps sous la forme primitive.

De cette manière donc, et d'après l'analyse, toutes les formes sont unies à la matière ; mais en toutes choses, forme et matière ne sont qu'*Un* nécessairement.

Quelques uns ayant remarqué l'empressement avec lequel la matière et la forme se recherchent en toutes choses, l'ont exprimé par une figure, en disant que la matière éprouve pour la forme, la même passion que la femme ressent pour l'homme, et qu'elle s'unit à elle dans son ardeur. Mais quelques autres ayant observé que la matière et la forme, considérées d'une manière absolue, sont entièrement identiques ; que la matière cependant, en tant qu'elle est exprimée dans le fini, et qu'elle devient corps, est susceptible de prendre la différence, tandis que dans l'infini, en tant qu'elle devient âme, elle représente l'unité, ont nommé la forme le père, et la matière la mère de toutes choses, à l'exemple des pythagoriciens, qui appelaient *Monas* le père, et *Dyas* la mère des nombres.

Quant au point où la matière et la forme ne font entièrement qu'*Un*, et où l'âme et le corps ne peuvent plus se distinguer, il est au-dessus de tout phénomène. Nous venons de voir comment l'âme et le corps peuvent se séparer dans la matière ; maintenant il nous sera facile de comprendre que la progression de cette opposition ne saurait avoir de limites ; mais quelle que soit l'excellence à laquelle puissent parvenir le corps et l'âme opposés l'un à l'autre, ce développement est néanmoins toujours subordonné au principe éternel de la matière qui embrasse tout.

Il y a *une* lumière qui brille en toutes choses et *une* force de gravité qui, d'un côté, enseigne aux corps à remplir l'espace, et qui, de l'autre, donne la consistance et l'être aux productions de la pensée ; la première c'est le jour, la seconde c'est la nuit de la matière.

Si ce jour est infini, cette nuit l'est également. Dans cette vie universelle, aucune forme ne naît extérieurement ; chaque œuvre y est le produit inséparable d'un art intérieur et vivant. Il n'y a qu'*un* destin pour toutes choses, qu'*une* vie, qu'*une* mort ; nulle chose ne devance l'autre ; il n'y a qu'*un* monde, qu'*une* plante, dont tout ce qui est, forme les feuilles, les fleurs et les fruits, chaque chose différant, non par l'essence, mais par le degré de puissance ; il n'y a qu'*un* univers enfin, par rapport auquel tout est d'une magnificence et d'une beauté vraiment divine, incréé en soi, et, comme l'unité elle-même, éternel et impérissable.

Comme en tout temps l'univers demeure entier, parfait, que la réalité est en lui conforme à la possibilité, que, nulle part, il ne renferme un défaut, un vice, il ne saurait non plus y avoir aucune cause qui puisse l'arracher à son immortel repos. Il est, il vit toujours égal à soi, toujours immuable. L'activité et le mouvement n'existant que sous le point de vue des êtres particuliers, et ne faisant, pour ainsi dire, que continuer cet *être* absolu, découlent immédiatement de la source même de son profond repos. Cet *être* absolu ne peut se mouvoir dans le temps ni dans l'espace; car l'espace et le temps sont en Lui; il ne se trouve donc compris ni dans l'un ni dans l'autre; de même, sa forme intime ne saurait varier; car le changement, ainsi que le plus ou le moins de perfection des formes, n'a réellement lieu que dans notre manière de voir; mais si nous étions capables d'embrasser toutes choses d'un seul regard, alors nos yeux ravis et comme enivrés jouiraient d'une perspective toujours égale, toujours immuable, avec ses reflets infinis et sa lumière pure.

Quant à cette vicissitude qui accompagne l'Impérissable, on ne saurait dire, ni qu'elle a commencé, ni qu'elle a toujours existé ; car elle est dépendante de l'éternel, non par le temps, mais par sa nature même. Elle n'est donc pas, non plus, finie par le temps, mais par l'idée ; c'est-à-dire qu'elle est éternellement finie.

Or, un temps quelconque, qu'il ait commencé ou non, ne peut jamais fournir la mesure de cet éternel fini.

Mais le temps qui a tout détruit, même cet âge particulier du monde, où les hommes ont appris à séparer le fini, de l'infini, l'âme, du corps, le naturel, du divin, pour les confiner l'un et l'autre dans deux mondes entièrement différents, a aussi tué cette ancienne doctrine, et l'a ensevelie dans le tombeau universel de la nature, dans la nuit comme dans la mort de toutes les sciences. Après avoir tué d'abord la matière, pour mettre une grossière image à la place de l'essence, on arriva naturellement à croire que toutes les formes sont extérieurement imprimées à la matière, qu'étant simplement extérieures, que, excepté ces formes, rien n'étant impérissable, elles ont dû, par conséquent, être déterminées d'une manière invariable; et c'est ainsi que l'unité intime et la connexion naturelle de toutes les choses se trouvèrent anéanties ; le monde fut brisé, et de ses ruines sortirent une multitude infinie de différences, de castes, jusqu'à ce qu'enfin on se représenta le *tout vivant*, sous la forme d'un *contenant*, ou d'une demeure dans laquelle toutes les choses sont arrangées sans participer les unes aux autres, ni vivre les unes dans les autres, et moins encore influer les unes sur les autres.

C'est ainsi qu'après avoir tué la matière, il fut résolu que la mort serait le principe, et la vie un dérivé.

La matière s'étant résignée à cette mort, il ne restait plus, afin de bannir le dernier témoin de sa vie, qu'à isoler mécaniquement, comme on venait de le faire pour tout le reste, l'esprit universel de la nature, la forme de toutes les formes, la lumière enfin, pour en faire également un être corporel. De cette manière, la vie se trouvant éteinte dans les organes du *tout*, et les phénomènes complexes et vivants des corps étant ramenés à des mouvements purement mécaniques, il n'y avait plus que le dernier sommet à franchir ; c'est-à-dire que l'on essaya de rappeler à la vie, d'une manière artificielle, cette nature à laquelle on venait d'arracher le cœur. Cette tendance prit, dans la suite, le nom de matérialisme.

Si la folie d'une telle doctrine ne fut point assez puissante pour ramener à la source de la vérité ceux qui l'adoptèrent, si elle ne servit, au contraire, qu'à constater de plus en plus, et à mettre hors de doute, la mort de la matière, elle nous a laissé malheureusement, en outre, des idées si grossières sur la nature et l'essence des choses, que les peuples, jadis appelés barbares, parce qu'ils adoraient le soleil, les étoiles, la lumière, les animaux, ou d'autres corps de la nature, paraissent vénérables, quand on les compare aux matérialistes modernes. Mais, par la raison que la vie ne saurait pas plus s'enfuir de la pensée humaine que de l'univers lui-même, et qu'elle ne fait que changer de formes, elle ne parut quitter immédiatement la nature que pour aller se réfugier, en apparence, dans un autre monde ; et c'est ainsi que, sous les ruines de cette philosophie, l'on vit renaître tout-à-coup cette antique doctrine du monde intellectuel.

ANSELME.

C'est avec raison, cher ami, que tu vantes l'antiquité reculée de cette doctrine, qui nous apprend que toutes les choses, dans l'univers, ne parviennent à leur existence, que par le moyen et l'entremise de génies d'une nature plus parfaite et meilleure. Et, si nous réfléchissons que la science des choses éternelles se trouve uniquement chez les dieux, n'aurons-nous pas le droit de penser qu'elle remonte à cette époque reculée où les mortels vivaient dans la société des Immortels? Mais à son origine, et lorsqu'elle commença à se répandre, toujours elle fut unie au respect envers la Divinité, et à une vie sainte, conforme à ses maximes.

Ainsi, chers amis, il y a trois degrés dans l'*être* ; le premier est celui des êtres sensibles qui ne sont point véritablement en soi, ni indépendamment des unités : celles-ci occupent le second degré ; mais chacune d'elles n'est qu'un miroir vivant du monde modèle. Ce dernier est la seule et unique réalité.

Donc, tout être véritable se rencontre seulement dans les idées générales éternelles ou dans celles des choses ; mais il n'y a qu'*un* seul type véritablement absolu. Ce type n'est pas seulement image modèle, ayant ou produisant en dehors de soi le contraire dans un autre ; mais il réunit, en même temps, l'image modèle et le reflet. En sorte que chaque être secondaire, formé de l'absolu, reçoit immédiatement de ce dernier, l'unité et le contraire, toujours, cependant, avec une perfection restreinte, et en empruntant l'âme, à l'image modèle, et le corps, au reflet. Ce dernier, toutefois, étant nécessairement fini, se trouve, sans inconvénient pour sa nature finie, exprimé d'une manière infinie dans l'absolu, où il est de toute éternité avec l'image modèle.

Donc, l'idée *Une* ou l'*unité* absolue, c'est l'*invariable* pour lequel il n'y a point de durée, la substance enfin, considérée en soi, dont ce que nous appelons communément substance ne doit être regardé que comme simple reflet.

Les unités sont le dérivé des idées ; car, si dans les premières on considère la substance, et qu'ensuite on se représente celle-ci telle qu'elle est en soi, on aura les idées elles-mêmes. Mais si l'on observe, dans les unités, ce par quoi elles s'individualisent et se séparent de l'unité absolue, et si l'on considère la substance, en tant qu'elle est la réalité dans le principe individuel, on trouve que cette dernière reste encore, en apparence il est vrai, fidèle à la nature de l'*immuable*, comme la substance corporelle, qui ne change, n'augmente et ne diminue point, malgré la grande vicissitude des formes ; tandis que ce qui individualise est nécessairement sujet au changement, à l'inconstance et à la mort.

Ainsi, puisque dans l'idée *Une* il y a une unité infinie du monde modèle et du monde réel, l'unité secondaire formée de l'idée *Une* passe à l'existence individuelle, lorsqu'une idée générale se choisit, dans la plénitude infinie du monde reflété, un individu qui lui est conforme ; alors elle s'y rapporte comme l'âme au corps.

Plus cette partie du monde reflété est considérable, plus elle représente en elle l'univers, plus aussi le reflet qui est fini devient égal à la nature de l'image modèle, plus enfin l'unité se rapproche de la perfection de l'idée ou de la substance. Or, le reflet, par son rapport même, a toujours et nécessairement une nature *déterminable*; tandis que celle de ce à quoi il correspond est *déterminante*.

Mais, comme dans l'idée de toutes les idées, ces deux natures ne font qu'*une* seule chose, et que, cette idée elle-même est la vie de la vie, l'action de toute action, on ne saurait dire d'elle qu'elle agit, parce qu'elle est l'acte lui-même. Ainsi, en elle, la volonté sera la nature déterminée, et la pensée la nature déterminante.

Donc, dans chaque chose, il y a le *déterminable* et le *déterminant ;* le premier est l'expression de la volonté divine, le second celle de l'intelligence divine. Cependant, la volonté et l'intelligence n'existent, l'une comme l'autre, qu'en tant qu'elles se révèlent dans les choses créées et non en soi. Ce qui réunit le *déterminant* avec le *déterminable*, c'est l'imitation de la substance absolue elle-même, ou de l'idée *Une*. Il est impossible de dire où l'image modèle et où le reflet commencent et finissent ; car l'un et l'autre sont réunis dans l'idée d'une manière infinie ; ils ne peuvent être séparés en rien, et se trouvent ensemble nécessairement et à l'infini. Ainsi, ce qui est déterminable sous un rapport, est de nouveau en soi une unité semblable à l'unité modèle ; et ce qui, dans la première, se révèle comme le *déterminable*, est, considéré pour soi, une unité mixte composée de déterminable et de déterminant ; car, la possibilité dans le monde modèle est aussi infinie que la réalité dans le monde des reflets, et la possibilité, dans l'un, se trouve dans des rapports d'un ordre de plus en plus élevé, avec la réalité dans l'autre.

En conséquence, plus, dans un être, le *déterminable* participe de la nature du *déterminant* qui est infini, plus s'élève en puissance l'unité de la possibilité et de la réalité dont il est l'expression.

C'est pourquoi, parmi les corps, celui qui est le plus organique est aussi le plus parfait de tous ceux qui sont déterminables.

L'âme, n'étant immédiatement que la simple unité du corps, qui est nécessairement isolé et d'une nature finie, a toujours des idées obscures, confuses, incohérentes; car elle ne voit pas la substance en soi, mais seulement dans son rapport au contraire du *déterminant* et du *déterminable;* non comme celle où l'un et l'autre ne font absolument qu'*un*, mais comme celle où ils sont réunis d'une manière finie.

Cependant l'idée même, ou la substance de l'âme et du corps, sous ce rapport de l'âme au corps, entre dans un autre rapport extérieur avec la substance absolue, et se trouve déterminée par le premier rapport à soumettre au temps et à la durée, d'abord le corps et l'âme, puis ensuite, d'autres choses qui dépendent de l'idée du corps; mais aussi, à ne voir dans la substance absolue elle-même que la base de l'être, et à placer cette base, tant en nous-mêmes qu'en dehors de nous, dans les autres choses. Or, la considérer ainsi est précisément l'extrême opposé de la connaissance parfaite ; car, n'étant elle-même, par rapport à l'unité déterminée du corps et de l'âme qu'une image de la véritable unité, tout ce qui est le réel dans les autres choses le devient également pour elle. Telle est la manière dont le monde phénoménal naît des unités.

Chaque unité considérée en soi, non plus sous le point de vue du contraire de l'âme et du corps, est la perfection, la substance absolue elle-même; car cette dernière, qui est indivisible en soi et sans rapport quelconque, est, à l'égard de chaque unité, le même absolu où la réalité et la possibilité ne font qu'*un;* et comme par sa nature même elle ne saurait prendre part à la quantité et qu'elle est *une* par son idée générale, chaque unité forme ainsi un monde parfait se suffisant à soi-même. Or, il y a autant de mondes qu'il y a d'unités, et chacun de ceux-ci étant également complet, également absolu en soi, ils ne peuvent différer les uns des autres, mais ils ne font tous qu'*un* monde. Si nous considérons maintenant cet *être en soi* dans l'unité, nous voyons que rien ne peut y arriver du dehors ; car ici c'est encore l'unité absolue elle-même qui renferme toutes choses et fait tout sortir hors de soi, et qui ne saurait se partager, quelles que soient, d'ailleurs, les variations des formes. Ainsi, le producteur, dans chaque unité, c'est la perfection même de toutes choses ; mais ce par quoi l'éternel que renferme l'unité en soi devient aussi le temporel, n'est autre que le principe restrictif et individuel.

Car l'*être en soi* de chaque unité représente toujours également l'univers, mais le *particulier* ne réfléchit cette unité absolue qu'autant qu'elle est exprimée en lui par l'opposition relative de l'âme et du corps, et comme le mode de cette opposition détermine la perfection plus ou moins grande de l'âme et du corps, il s'ensuit que chaque unité, sous le point de vue temporel, représente l'univers selon le degré de son développement et en raison de ce que le principe individuel en a mis en elle. Ainsi, chacune en particulier détermine, de la même manière, la mesure de son activité et de sa passibilité en cessant d'être en communauté immédiate avec l'éternel qui renferme les idées de toutes les choses, sans que celles-ci puissent s'impressionner les unes les autres, étant toutes également parfaites, également absolues.

Donc, aucune substance, en tant que substance, ne peut être sous l'influence d'une autre, ni même influer sur elle; car, toute substance proprement dite, est indivisible, entière, absolue, l'unité même. Le rapport de l'âme au corps n'est point un rapport de différence à différence, mais d'unité à unité, dont chacune, considérée en soi, représentant l'univers selon sa nature particulière, s'accorde avec l'autre, non par l'enchaînement de la cause et de l'effet, mais par l'harmonie préétablie dans l'éternel. Cependant le corps, comme tel, est mû par le corps, car il n'appartient qu'au phénomène ; mais dans le véritable monde, il n'y a point de transition, car *l'être en soi*, c'est l'unité qui, considérée du point de vue de la vérité, n'est pas susceptible d'influence et n'en a nul besoin ; car toujours cette unité est égale à elle-même, et toujours elle tire l'infini de l'infini.

Or, ce qui est absolument *un*, c'est la substance de toutes les substances qu'on nomme Dieu. L'unité, dans sa perfection, est le lieu universel qui renferme toutes les unités et qui se rapporte à elles, comme dans l'empire des phénomènes sa parfaite image, qui est l'espace infini, se rapporte aux corps en traversant toutes les limites du fini.

En tant que les idées des unités sont incomplètes, restreintes, confuses, elles représentent l'univers hors de Dieu, et se rapportent à lui comme à sa base ; mais en tant qu'elles sont adéquates, elles le représentent en Dieu.

Ainsi, Dieu, c'est l'idée de toute idée, la connaissance de toute connaissance, la lumière de toute lumière. C'est de lui que tout sort, c'est en lui que tout rentre ; car, premièrement, le monde des phénomènes n'existe que dans les unités et n'en est point séparé ; et ce n'est qu'en tant que celles-ci aperçoivent le reflet confus de l'unité que l'univers devient sensible à leurs yeux en se composant de choses isolées qui passent et varient sans cesse. Quant aux unités elles-mêmes, elles ne sont séparées de Dieu que par rapport au monde phénoménal ; mais en soi, elles sont en Dieu et ne font qu'*un* avec lui.

Les développements dans lesquels je viens d'entrer touchant les principaux points de cette doctrine suffisent, je crois, pour prouver que cette forme de la philosophie nous ramène aussi à l'unité que nous avons définie comme étant celle où tout existe sans contraires, et dans laquelle seule on peut apercevoir la perfection et la vérité de toutes choses.

BRUNO.

Maintenant, chers amis, il nous reste encore à examiner les contraires du réalisme et de l'idéalisme. Mais, déjà, l'heure des adieux va sonner. Hâtons-nous donc de dire en peu de mots ce qu'il y a de plus important sur ce sujet, et d'entrer en matière en posant la question suivante : A quel réalisme doit être opposé l'idéalisme, et à quel idéalisme le réalisme est-il contraire ?

LUCIEN.

Il me semble nécessaire de dire d'abord quelle est la distinction qui peut exister entre l'idéalisme et le réalisme. Elle ne peut se trouver dans leur objet, si tous deux ont pour but d'arriver à la connaissance suprême; car celle-ci est nécessairement *une*. Ou l'un des deux n'admet pas la forme spéculative, ou l'un et l'autre lui sont opposés. Dans le premier cas, il n'y a pas de comparaison possible; dans le second, ce n'est pas la peine de rechercher quelle est leur différence. Or, l'unique objet de toute philosophie, c'est l'absolu. Ce dernier doit donc être également, dans ces deux modes, l'objet de la connaissance suprême.

LUCIEN.

Nécessairement.

BRUNO.

Ainsi, tu penses qu'ils diffèrent entre eux par la manière de les envisager ?

LUCIEN.

C'est ce que je crois.

BRUNO.

Mais quoi! y aurait-il donc dans l'absolu une différence ou une *duplicité*, ou plutôt n'est-il pas nécessairement *Un?*

LUCIEN.

La *duplicité* n'est point en lui, mais seulement dans notre manière de voir; car le réel, considéré dans l'absolu, engendre le réalisme, et l'idéal l'idéalisme. Or, en lui, le réel, c'est aussi l'idéal, et l'idéal, c'est le réel.

BRUNO.

Il est nécessaire que tu définisses ce que tu nommes réel, et ce que tu appelles idéal; car nous savons que ces mots sont susceptibles de prendre des significations très différentes.

LUCIEN.

Dans cette recherche, le réel sera, pour nous, l'essence, et l'idéal la forme.

BRUNO.

Ainsi, le réalisme naîtrait de nos réflexions sur

l'essence, tandis que l'idéalisme aurait son origine dans la compréhension de la forme de l'absolu?

LUCIEN.

En effet.

BRUNO.

Mais n'avons-nous pas déjà démontré que, dans l'absolu, la forme et l'essence ne font qu'*une* seule et même chose?

LUCIEN.

De même que nécessairement, dans le fini, l'essence est différente de la forme.

BRUNO.

Mais comment ne font-elles qu'*une* seule et même chose dans l'absolu?

LUCIEN.

Ce n'est point par leur réunion, c'est, au contraire, parce que chacune est la même en soi, c'est-à-dire que chacune est en soi l'absolu tout entier.

BRUNO.

Ainsi, le réalisme et l'idéalisme en considérant l'absolu, le premier selon l'essence, et le second d'après la forme, voient inévitablement et sans contradiction, dans l'une et l'autre, *une* seule et même chose, si, toutefois, il est permis de dire : *Une* chose, *un* objet.

LUCIEN.

Évidemment.

BRUNO.

Mais quelle expression désignerait le mieux une semblable unité qui repose, non sur une simultanéité, mais sur une parfaite égalité d'être ?

LUCIEN.

Nous l'avons déjà désigné auparavant sous le nom d'indifférence, et ce mot rend assez bien notre manière de la considérer.

BRUNO.

Mais, si l'idéalisme et le réalisme forment les contraires suprêmes de la philosophie, le point de vue de cette indifférence ne sera-t-il pas la base du point de vue de la philosophie sans contraires et en soi ?

LUCIEN.

Sans doute.

BRUNO.

Cherchons à pénétrer ce secret suprême. N'avons-nous pas déjà démontré que l'absolu n'est ni l'un ni l'autre des contraires, qu'il est l'identité pure, c'est-à-dire qu'il est en soi, rien que soi, et tout absolu?

LUCIEN.

Assurément.

BRUNO.

Or, nous sommes convenus que la forme est la même pour l'un et l'autre, c'est-à-dire qu'elle est celle de l'idéalité et de la réalité du subjectif et de l'objectif, et cela, avec une égale infinité.

LUCIEN.

Cela est vrai.

BRUNO.

Donc, chaque unité du subjectif et de l'objectif, considérée d'une manière active, est une connaissance.

LUCIEN.

Cela se conçoit.

BRUNO.

Or, une connaissance qui est également et à la fois infiniment idéale et réelle est une connaissance absolue.

LUCIEN.

Très certainement.

BRUNO.

Une connaissance absolue ne peut être une pensée opposée à un être ; car elle est plutôt le lien qui réunit en soi la pensée et l'être d'une manière absolue.

LUCIEN.

Sans contredit.

BRUNO.

Ainsi, la pensée et l'être, loin de la dominer, lui sont au contraire subordonnés.

LUCIEN.

Il est nécessaire qu'elle soit au-dessus de l'un et de l'autre, en tant qu'ils sont opposés l'un à l'autre.

BRUNO.

Or, cette connaissance est, avec l'essence de l'éternel, dans le rapport de l'indifférence absolue.

LUCIEN.

Nécessairement, puisque c'est la forme.

BRUNO.

Puisqu'elle est au-dessus de la pensée et de l'être, il nous est impossible de faire de la pensée ou de l'être les attributs immédiats et essentiels de l'absolu lui-même.

LUCIEN.

Impossible.

BRUNO.

Pourrons-nous maintenant regarder comme parfait, du côté de la forme, un réalisme qui considère la pensée et l'extension comme les attributs immédiats de l'absolu? C'est ce réalisme cependant que l'on a coutume de regarder comme le plus parfait.

LUCIEN.

Jamais.

BRUNO.

Quant à ceux qui, de quelque manière que ce puisse être, élèvent la pensée, comme telle, au rang de principe, et l'opposent à l'être, nous dirons qu'ils ne sont encore que de simples novices en fait de philosophie.

LUCIEN.

C'est bien dit.

BRUNO.

Mais n'est-il point nécessaire de définir la connaissance absolue celle dans laquelle la pensée produit immédiatement l'être, de même que l'être y produit la pensée, tandis que, dans la connaissance finie, le contraire paraît avoir lieu?

LUCIEN.

La conséquence est inévitable.

BRUNO.

Or, ne posons-nous pas en même temps en principe, puisqu'à l'égard de l'absolu il n'existe point de contraire de la pensée et de l'être, que cette connaissance absolue est identique, simple, pure, et sans dualisme quelconque?

LUCIEN.

C'est vrai.

BRUNO.

Ainsi, la pensée et l'être ne sont, dans la connaissance absolue, que virtuellement et jamais dans le fait. Ce dont on sépare quelque chose n'a nul besoin de contenir la chose séparée, et peut être complétement simple.

Précisément parce que cette connaissance est absolue, elle rend nécessaire la séparation de la pensée et de l'être, par rapport au fini en général, ou, si l'on veut, au phénomène; car, comme absolue, elle ne saurait avoir d'autre expression dans les choses finies; mais la pensée et l'être ne sont produits que par cette division; et dans l'absolu ils n'existent d'aucune manière avant cette division.

LUCIEN.

Je suis forcé d'admettre tout cela.

BRUNO.

Donc la pensée et l'être ne sauraient jamais, comme tels, se réunir dans le fini, d'une manière absolue, mais toujours d'une manière relative.

LUCIEN.

Il me semble que c'est une conséquence nécessaire, puisque le fini, d'après la forme, a pour base le contraire de la pensée et de l'être.

BRUNO.

Mais alors nous serons forcés d'admettre un point où, dans le fini, tous deux se trouvent, sinon absolument indivisibles, du moins absolument réunis; c'est-à-dire le point où l'essence de l'absolu, parfaitement exprimée dans l'infini, se trouve également représentée dans le fini ou l'être.

LUCIEN.

Le raisonnement nous a donné ce point; il est nécessairement là où la connaissance infinie se rapporte, comme sujet, à un objet qui représente en soi, comme réalité, toute la possibilité du sujet. C'est le point d'explosion de l'infini dans le fini.

BRUNO.

Cependant le rapport de la connaissance infinie à la connaissance objective reste toujours nécessairement et malgré l'infinité que celle-ci exprime dans le fini, comme simple rapport à un individu. Ainsi, l'unité de la pensée et de l'être n'est absolue que dans l'idée et dans une perception intellectuelle; mais dans le fait ou la réalité, elle est toujours relative.

LUCIEN.

C'est évident.

BRUNO.

Comme nous avons appelé *moi* cette unité déterminée de la pensée et de l'être, nous la reconnaîtrons comme le *moi absolu*, en tant qu'elle est intellectuelle, et comme le *moi relatif*, en tant qu'elle est relative.

LUCIEN.

Sans difficulté.

BRUNO.

Ainsi, dans le moi relatif, les objets se trouvent posés et déterminés infiniment par le rapport de la connaissance, devenue objective, à l'idée infinie de cette dernière ; mais c'est toujours pour le *fini* et dans le *fini* du moi. Le contraire du fini et de l'infini n'est annulé que relativement ; alors il y a des vérités relatives, une science infinie, si l'on veut, mais toujours relative.

LUCIEN.

Ici, nous tombons encore d'accord.

BRUNO.

Mais dans le moi absolu, ou dans la perception intellectuelle, les choses sont déterminées, non pour le phénomène, quoique d'une manière infinie, mais d'après leur caractère éternel, ou telles qu'elles sont en soi ; il en résulte la science absolue.

LUCIEN.

Il doit en être ainsi.

BRUNO.

En tant que les objets ne sont déterminés d'une manière infinie que par la science relative, ils n'existent non plus que par cette science et pour cette science.

LUCIEN.

Sans doute.

BRUNO.

Si, maintenant, nous n'entendons par idéalité, dans l'acception vulgaire du terme, que le contraire de la réalité sensible, et si nous ne considérons l'idéalisme que comme une doctrine qui nie la réalité du monde visible, toute la philosophie est nécessairement de l'idéalisme vis-à-vis des choses ainsi déterminées, et elle se trouve, par la même raison, opposée au réalisme, pris dans la même acception.

LUCIEN.

Nécessairement.

BRUNO.

A ce point de vue de la simple unité relative du sujet et de l'objet, l'unité absolue de l'un et de l'autre nous apparaît entièrement indépendante de cette unité relative, et inaccessible à la science. Ce n'est que dans les actes qu'elle devient objective, conformément à la nature qu'elle a reçue dans la science relative, c'est-à-dire comme supérieure à cette même science; car l'objectif, dans ce que le devoir nous ordonne de faire, se révèle comme quelque chose qui n'est pas la science, parce que cette dernière, d'après nos principes, est subordonnée aux conditions, tandis que l'objectif en est exempt. Par là, le rapport différentiel de l'absolu à la science, et à la connaissance, se trouve établi sur une base inébranlable. Ainsi, au sortir de la science relative, le réel primitif rentre dans l'*éthique*, tandis que la spéculation à l'égard de ce même réel est forcée d'en appeler au devoir. C'est ici seulement que l'unité de la pensée et de l'être se montre catégorique et absolue; mais l'harmonie absolue de la réalité avec la possibilité n'existant jamais dans le temps et ne s'y trouvant point établie, mais exigée d'une manière absolue, elle se trouvera être pour nous une règle de conduite et une tâche infinie, tandis qu'elle sera pour la pensée, comme la foi qui est la fin de toute spéculation.

LUCIEN.

Il n'y a rien à objecter à cela.

BRUNO.

L'unité absolue de la pensée et de l'être existant comme exigence, elle est aussi partout où elle se trouve dans la nature, uniquement par le devoir et pour le devoir.

C'est non seulement la matière première dans tout acte, mais aussi dans tout être. C'est seulement pour l'*éthique* que la nature a une importance spéculative; car elle n'est, à proprement parler, qu'un organe, qu'un moyen. Ce n'est point sans but, et pour être sa propre divinité, qu'elle est belle hors d'elle-même et en soi; car, pour elle-même, elle est morte; elle sert simplement d'objet et de matière à une action qui est en dehors d'elle, et qui ne vient point d'elle-même.

LUCIEN.

Il en est évidemment ainsi.

BRUNO.

Une philosophie qui a pour base une telle science, ne pourra-t-elle donner une explication parfaite de la conscience générale, et s'y rapporter entièrement sans cependant mériter, pour cela, le moins du monde, le titre de philosophie ?

LUCIEN.

Très certainement

BRUNO.

Cet idéalisme qui, après avoir perdu de vue l'unité absolue, établit en principe, au lieu du point absolu de l'indifférence, le point relatif qui subordonne l'être à la pensée, le fini et l'éternel à l'infini, sera nécessairement opposé au réalisme.

LUCIEN.

Infailliblement, puisque ce dernier repose sur l'essence de l'absolu, et que celui-ci ne saurait avoir pour équivalent que la connaissance absolue.

BRUNO.

Par cette même raison, un semblable idéalisme n'a pas pour principe l'idéal en soi, mais seulement l'idéal en apparence ?

LUCIEN.

Nécessairement ; car, sans cela, il se verrait en dehors de tout contraire avec le réalisme.

BRUNO.

Le sujet objet pur, la connaissance absolue, le moi absolu, la forme de toutes les formes, c'est le fils *unique* de l'absolu, également éternel, consubstantiel, et ne faisant qu'*un* avec lui. Celui qui possède le fils, possède aussi le père ; ce n'est que par le premier que l'on arrive au second, et la doctrine qui vient de l'un est la même que celle qui vient de l'autre. Ainsi, la connaissance de cette indifférence dans l'absolu, qui fait que, par rapport à lui, l'idée est la substance, ou simplement le réel, de même que la forme est l'essence, et l'essence la forme, l'une inséparable de l'autre, chacune étant non seulement l'image parfaitement ressemblante de l'autre, mais étant cet autre lui-même; cette connaissance, dis-je, est celle du centre absolu de gravité, et en quelque sorte celle de ce métal primitif de la vérité, dont la matière explique toute vérité particulière, et sans lequel rien n'est vrai.

Ce centre de gravité est le même dans l'idéalisme et dans le réalisme, et si tous deux sont opposés, c'est parce que la connaissance ou la parfaite exposition de ce principe n'existe pas dans l'un, ou dans tous deux à la fois.

Quant à la forme de la science et à la nécessité de cultiver le germe que renferme ce principe, jusqu'à ce qu'il arrive à un entier développement, et qu'il soit en harmonie parfaite avec la forme de l'univers, dont la philosophie doit être la fidèle image, nous ne saurions, pour atteindre ce but, nous prescrire à nous-mêmes et à d'autres, de règle plus parfaite et plus sûre que celle qu'un philosophe a déjà tracée, et que nous ne devons jamais perdre de vue. *Pour pénétrer les mystères les plus profonds de la nature, il ne faut point se lasser d'étudier les extrêmes opposés des choses ; trouver le point de réunion, n'est pas ce qu'il y a de plus grand ; mais savoir déduire de ce dernier lui-même l'autre point qui lui est opposé, c'est là, à proprement parler, le grand secret de l'art.*

En suivant cette règle, nous reconnaîtrons d'abord, dans l'égalité absolue de l'essence et de la forme, le mode d'après lequel le fini et l'infini en découlent comme d'une source commune, étant éternellement et nécessairement l'un avec l'autre ; nous comprendrons ensuite pourquoi ce rayon simple qui part de l'absolu, qui est l'absolu lui-même, nous paraît se diviser en différence et en indifférence, en fini et en infini ; nous déterminerons exactement le mode de séparation et d'unité pour chaque point de l'univers, et nous continuerons notre enseignement jusqu'à ce que ce point d'unité absolue nous apparaisse divisé en deux points relatifs. Dans l'un, nous verrons la source du monde réel et naturel ; dans l'autre, celle du monde idéal et divin. Dans le premier, nous célébrerons Dieu devenant homme de toute éternité ; dans le second, l'homme devenant Dieu de toute nécessité. Libres alors, et sans que la résistance vienne ralentir nos pas, nous descendrons cette échelle du grand esprit, dressée entre le ciel et la terre, pour voir l'unité divisée du principe divin et naturel ; ensuite la remontant, nous fondrons tout en *Un*, et nous contemplerons la nature en Dieu, et Dieu dans la nature. Enfin, après avoir gravi le dernier sommet; après être arrivés à cette connaissance admirable entourée de lumière et d'harmonie; après nous être convaincus qu'elle est la réalité de l'essence divine; seulement alors il nous sera permis de voir la beauté dans tout son éclat, sans que nos yeux soient éblouis de sa splendeur, et de vivre dans la société bienheureuse de tous les dieux. Alors, nous comprendrons l'âme royale de Jupiter, la puissance lui appartient; au-dessous de lui se trouveront, et le principe sans formes, et celui qui les contient toutes; principes que, dans la profondeur de l'abîme, un dieu souterrain rattache l'un à l'autre. Mais le dieu de la foudre habite l'empirée, et nul mortel ne saurait approcher de son trône.

Les destins de l'univers se dévoileront à nos yeux; nous saurons comment le principe divin s'est retiré du monde; comment la matière mariée à la forme s'est vue livrée à l'inertie et à la nécessité. Les symboles par lesquels on a coutume de représenter, dans tous les mystères, l'histoire et la mort d'un Dieu, n'auront pour nous rien d'obscur;

car ce sont toujours les souffrances d'Osiris et la mort d'Adonis.

Avant tout, nos regards se porteront vers les dieux supérieurs; et lorsque nous pourrons prendre part à cette existence bienheureuse, par la contemplation, alors, selon l'expression des anciens, nous serons véritablement accomplis, et nous vivrons dans le glorieux cercle, non point comme des transfuges échappés à la mortalité, mais comme ceux qui viennent d'être initiés au temple de l'immortalité.

Déjà, la nuit déploie ses sombres voiles, et la lueur des étoiles nous avertit que l'heure de la séparation vient de sonner; quittons ces lieux.

———

NOTES.

DU PRINCIPE DIVIN ET NATUREL DES CHOSES.

En attendant toute explication ultérieure, je me contenterai de citer ici le passage de Platon (dans Timée, page 585) :

Δυο αιτιας ειδη χρη διοριζεσθαι, το μεν αναγκαιον, το δε θειον, και το μεν θειον εν απασι ζητειν κτησεως ενεκα ευδαιμονος βιον καθ' οσον ημων ή φυσις ενδεχται.

PAGE 35.

(Ainsi que le prouve Sophocle, etc.) Dans un passage que Plutarque nous a conservé, et qui se trouve, Opp. Soph., Ed. Brunck, t. IV, p. 686.

Page 58.

(Comme le dit Socrate dans Platon, etc.) Dans le passage du Philib., p. 217.

Page 118.

(Gardons-nous de perdre de vue, etc.) Il s'agit ici des lois de Kepler. Pour en concevoir toute la portée spéculative, pour les reconnaître dans toute leur pureté, il faut d'abord les débarrasser des applications mécaniques et empiriques qui les défigurent. Nous pouvons ici invoquer le témoignage de l'un de nos amis qui a déjà traité cette question. Le positif du point de vue sous lequel nous considérons ces lois est conforme au schème général de construction qui domine dans cet ouvrage ; car, d'après lui, les trois lois de Kepler sont entre elles, comme l'indifférence, la différence et la totalité, c'est-à-dire le point où les deux premières redeviennent l'unité. De cette manière, elles expriment parfaitement l'organisme de la raison, et forment un système complet.

Ceci pourra servir de commentaire aux paroles de Bruno, si, toutefois, on ne voulait point attendre les explications qui seront données ultérieurement.

Page 208.

(Quant à l'histoire et aux vicissitudes de cette doctrine, etc.). Il est peut-être inutile de rappeler ici à ceux qui sont à la hauteur de la philosophie, que la dissertation suivante se rapproche entièrement de la méthode particulière suivant laquelle Jordanus Brunus a exposé sa doctrine de l'univers, dans l'ouvrage qui a pour titre : *De la Cause, du Principe et de l'Unité.*

Nous avons, de cet ouvrage, un savant extrait qui a été publié comme appendice aux lettres de Jacobi, sur la doctrine de Spinosa.

Néanmoins, nous nous écartons de Brunus, en ce que celui-ci, regardant l'âme et la forme d'une chose comme identique (a a O., p. 269), se trouve par là dans l'impossibilité d'exposer avec clarté le point suprême de l'indifférence entre la matière et la forme; tandis qu'Alexandre, au contraire, soutient que l'âme elle-même se pose comme contraire *Un*, dans la forme.

Les passages suivants de Brunus peuvent être considérés comme des preuves et des parallèles de son exposition.

« Nous devons soigneusement distinguer de la forme accidentelle, la forme nécessaire, éternelle et première qui est la source et la forme de toutes les formes.

» Cette forme première, universelle, et cette matière universelle et première, comment sont-elles réunies, indivises, différentes, et néanmoins ne font qu'*une* seule et même chose ? Nous devons chercher à résoudre ce problème ; p. 282, 283.

» L'entière possibilité de l'existence des choses ne saurait précéder leur existence réelle, ni subsister après elle en aucune manière. S'il pouvait y avoir une entière possibilité d'être réellement, sans existence réelle, alors les choses se créeraient elles-mêmes; alors elles existeraient avant d'être.

» Le principe premier, étant le plus parfait, renferme en soi toute existence; il peut être tout, donc il est tout. Ainsi, la force active, comme tous les degrés de la puissance, la possibilité, comme la réalité, ne sont en lui qu'*une* seule et même chose, inséparable, indivise. Il n'en est pas de même des autres choses, qui peuvent être ou ne pas être, et se trouver déterminées d'une manière ou d'une autre. L'homme, à chaque instant de sa vie, peut être ce qu'il est dans un moment donné, mais non pas ce qu'il pourrait être au point de vue de la substance. *Un* seul est tout ce qu'il peut être, et celui-là renferme dans son existence toute autre existence ; p. 284.

» L'univers, la nature incréée, est également et à la fois, tout ce qu'elle peut être dans le fait, parce qu'elle comprend toute la matière, ainsi que la forme éternelle, invariable de toutes les formes diverses.

Mais, dans ses développements successifs de tous les instants, dans ses diverses parties, dans ses compositions particulières, dans chacun de ses êtres, enfin dans tout ce par quoi elle se manifeste, elle cesse d'être ce qu'elle est et ce qu'elle peut être pour ne plus nous offrir qu'une ombre, qu'un reflet du principe dans lequel la force active et la puissance, la possibilité et la réalité ne font plus qu'*une* seule et même chose ; p. 283. »

« Aucun œil mortel ne saurait mesurer la hauteur de cette lumière, ni la profondeur de cet abîme.

» C'est ce que les livres sacrés disent d'une manière si sublime en réunissant les deux points extrêmes : *Tenebræ non obscurabuntur a te. Nox sicut Dies illuminabitur. Sicut tenebræ ejus ita et lumen ejus;* page 287. »

« Il faut bien se garder de confondre la matière secondaire, qui est seule le sujet des choses naturelles et variables, avec celle qui est commune au monde visible et au monde invisible; p. 287. »

« Cette matière première, qui est la base des choses corporelles comme des substances incorporelles, est un être multiple, en tant qu'elle renferme la multitude des formes, mais, considérée en soi, elle est absolument simple et indivisible.

» Par la raison qu'elle est tout, elle ne saurait être quelque chose en particulier. Il est facile de concevoir que peu d'intelligences sont capables de comprendre comment il est possible que quelque chose puisse, en même temps, posséder toutes les propriétés sans en avoir aucune, être la substance formelle de tous les êtres sans se trouver comprise sous aucune forme. Cependant le philosophe connaît l'axiome : *Non potest esse idem, totum et aliquid*, p. 290. »

Page 224.

(C'est avec raison, cher ami, etc.) Anselme, en défendant d'un côté l'intellectualisme de Leibnitz, paraît être de l'autre, gêné dans son exposition, par la raison que ce système prend pour point de départ l'idée de la monade ; idée qui semble restreinte au premier abord.

Néanmoins, il reste à savoir si cette doctrine ne pourrait pas être prise dans un sens plus élevé, et si, au milieu des complications et du manque de forme que cette restriction occasionne nécessairement, l'idée de la véritable philosophie ne se trouve point exprimée avec cette clarté que nous remarquons dans le discours d'Anselme, lorsque, par exemple, celui-ci dit qu'il n'y a que l'idée inadéquate qui nous fasse voir les choses en dehors de Dieu. Cette question est d'autant plus naturelle que, jusqu'à nos jours, les disciples mêmes de Leibnitz, ou ceux qui le regardent comme le père de la philosophie, n'ont nullement compris sa doctrine dans les points les plus importants, comme par exemple celui de l'harmonie préétablie que l'on rapporte généralement à la réunion du corps avec l'âme, et celui du rapport des monades à Dieu. Néanmoins, il ne se trouve rien dans le discours d'Anselme que l'on ne puisse réellement appuyer sur certains passages de Leibnitz, sans qu'il soit nécessaire de recourir à l'esprit du système intellectuel; ainsi, par exemple, ce qui regarde l'être des unités en Dieu, de même que cette autre proposition : Tout se trouve en Dieu par l'idée adéquate, peut se prouver par plusieurs pensées qui se trouvent exprimées, en partie dans les *nouveaux essais*, en partie dans un supplémen de ce même ouvrage sur le théorème de Malebranche.

PAGE 198.

(Qu'un philosophe avant nous, etc.) Ce philosophe est encore Jordanus Brunus, dont les paroles, tirées de l'extrait dont nous avons déjà parlé, peuvent être considérées comme le symbole de la véritable philosophie.

www.ingramcontent.com/pod-product-compliance
Lightning Source LLC
Chambersburg PA
CBHW050654170426
43200CB00008B/1292